독일 상속세 및 증여세법

- 해제 및 번역

독일 상속세 및 증여세법

발행일	2019년 11월 29일			
옮긴이	황남석			
펴낸이	손형국			
펴낸곳	(주)북랩			
편집인	선일영	편집	오경진, 강대건, 최예은, 최승헌, 김경무
디자인	이현수, 김민하, 한수희, 김윤주, 허지혜	제작	박기성, 황동현, 구성우, 장홍석
마케팅	김회란, 박진관, 조하라, 장은별		
출판등록	2004. 12. 1(제2012-000051호)		
주소	서울특별시 금천구 가산디지털 1로 168, 우림라이온스밸리 B동 B113~114호, C동 B101호		
홈페이지	www.book.co.kr		
전화번호	(02)2026-5777	팩스	(02)2026-5747

ISBN   979-11-6299-975-2 93360 (종이책)   979-11-6299-976-9 95360 (전자책)

이 도서의 국립중앙도서관 출판예정도서목록(CIP)은 서지정보유통지원시스템 홈페이지(http://seoji.nl.go.kr)와
국가자료공동목록시스템(http://www.nl.go.kr/kolisnet)에서 이용하실 수 있습니다.
(CIP제어번호: CIP2019048288)

(주)북랩 성공출판의 파트너
북랩 홈페이지와 패밀리 사이트에서 다양한 출판 솔루션을 만나 보세요!
홈페이지 book.co.kr   • **블로그** blog.naver.com/essaybook   • **출판문의** book@book.co.kr

독일
상속세 및
증여세법

- 해제 및 번역

황남석 옮김

북랩 **book** Lab

역자 서문

이 책은 2019년 1월 현재 독일에서 적용되고 있는 독일의 현행 상속세 및 증여세법을 소개하고 그 전부를 번역한 것이다. 종래 우리나라의 「상속세 및 증여세법」 연구 경향을 보면 일본법을 제외하고는 비교법적 시각에서의 검토가 상대적으로 미약하였던 것으로 생각된다. 상속제도가 개별 문화의 특수성을 반영한다는 점에서 그런 현상이 이해 가는 측면이 있기는 하지만 반대로 증여제도의 경우 보편성을 갖고 있기 때문에 여전히 비교법적 고찰의 필요성이 있다고 본다.

현재 학계의 연구상황을 보면 주로 비교의 대상이 되는 주요 국가의 상속세 및 증여세에 관한 현행 법전의 번역조차 이루어지지 않고 있다. 역자는 그런 문제의식에서 한국세무사회에서 펴내는 「계간 세무사」에 2018년 1년 동안 독일 「상속세 및 증여세법」의 해제 및 번역을 게재하였다. 이 책은 그 결과물을 모으고 그 이후의 개정 사항을 보완한 것이다. 이 작업은 비교법적 시각의 확보라는 차원에서 의미를 갖게 될 것으로 생각한다.

1년 동안 해제 및 번역이 게재될 수 있는 기회를 제공하여 준 한국세무사회 측에 감사드린다.

2019. 11.

譯者 識

※ 일러두기

1. 이 책은 2017. 7. 18.자로 개정되어 2018. 12. 15. 현재 독일에서 시행중인 독일 상속세 및 증여세법[(Erbschaftsteuer- und Schenkungsteuergesetz (ErbStG)]을 번역하고 앞 부분에 해제를 붙인 것이다. 다만 위 법의 제5장 위임규정 및 종결규정 (Ermächtigungs- und Schlußvorschriften, 제36조부터 제39조까지)은 행정입법으로 위임된 사항 및 경과규정에 관한 것으로서 그 내용이 기술적이고 비교법적인 측면에서 큰 의미가 없어 번역을 생략하였다.

2. 해제의 작성에는 Tipke/Lang, Steuerrecht, 23.Aufl., 2018, § 15; デロイト トーマツ税理士法人, 諸外国における相続税等調査, 2017, 41면 이하; 野田裕康, "ドイツ相続税の諸問題", 「二松学舎大学　国際政経論集」 8号, 2000, 178면 이하; 이동식, 「독일의 지방세 제도」, 한국지방세연구원, 2012, 85면 이하 등을 참고하였다.

차례

제 1 부

해제

제1장
독일 상속세 및 증여세 개관

독일 상속세 및 증여세는 그 취득자의 경제적 급부능력이 증가하는데 그 정당성을 두고 있다. 즉, 독일의 입법자는 상속세 및 증여세를 순자산의 증가인 소득에 대한 조세로 파악하여 유산취득세로 구성하였다. 이에 따라 상속세는 상속인에 대하여 증가한 재산을 과세하는 조세로서 그 본질은 소득세이므로 소득세와 결합될 수 있다.[1] 다만 상속세는 시장에서 형성된 가치 증가, 즉 시장소득이 아니라 재산이전에 결부되어 있다는 점에서 소득세와는 형식적인 차이가 있다.[2] 증여세는 본질적으로 상속세와 다르지 않고 선취된 상속세에 해당하므로 그 규정은 상속세에 관한 규정을 준용하도록 하였다[독일 상속세 및 증여세법 (이하 '독일상증법') 제1조 제2항].[3]

---

1) 최근의 학위 논문으로서 소득세와 상증세의 관계를 다룬 것으로 Friz, Das Verhältnis der Erbschaft- und Schenkungsteuer zur Einkommensteuer, Diss., 2014.
2) 이런 이유에서 독일연방재정법원은 상증세를 거래세로 규정하고 있다. BFH v. 25. 1. 2017 – II R 26.16, BFHE 257, 341 Rz. 12.
3) Tipke/Lang, Steuerrecht, 23.Aufl., 2018, § 15 Rn. 1-4; BVerfG, Urteil vom 17. 12. 2014 – 1 BvL 21/12, BeckRS 2014, 59427.

제2장
독일상증법의 연혁

 역사적으로 상속세의 기원은 수메르 및 고대 이집트로 소급된다고 한다. 그 후 그리스-로마시대를 거쳐 프랑크왕국의 시대에는 이미 '상속1할세(Erbschaftszehnt)'라는 명칭으로 원시적인 상속세가 과세되었다. 그 후 10세기 무렵까지 상속세는 '소유이전세(Besitzwechselabgaben)'로서 사망세, 사자담보세(死者擔保稅), 사자조세(死者租稅) 등의 명칭으로 징수되었다. 이들 조세는 유산세형의 상속세에 속한다. 그러나 중세시대에는 토지 소유 및 상속권에 관한 제한이 있었기 때문에 상속세가 거의 의미를 갖지 못하게 되었다. 그러던 중 15세기 무렵부터 다시 이탈리아를 중심으로 상속세가 대두되기 시작하여 17~18세기에 들어서면 독일의 란트(Land)나 도시에서 연대금(Kolliationsgeld)라는 명칭으로 방계친족으로의 상속에 대한 상속세가 도입되었다. 연대금은 상속 또는 유언계약에서 인지세와 같은 역할을 갖게 되었다.

 독일에서의 근대적 상속세가 과세된 것은 1873년 프로이센이 그 시초였다. 그 후 상속세는 다른 란트로 확대되었다. 처음에는 란트별로 독자적인 형태로 과세하였지만 혈연의 원근관계에 따라 세율의 차이를 둔다는 점에서는 유사한 점이 있었다. 1906년에 독일제국의 상속세 및 증여세법(Erbschaft-und Schenkungsteuergesetz)이 성립하여 상속세와 증여세가 국세로서 독일제국 내에서 통일적으로 과세되게 되었다. 당초의 상속세는 친족관계의 원근에 따라 4계급으로 나뉘어 과세되었으나 부부나 자녀, 손자는 비과세로 하였다. 그 이유는 가족 내부 문제에 법률이 개입하는 것을 꺼렸기 때문이다.

1919년 법 개정으로 배우자와 자녀에 대한 상속도 과세대상이 되었으며 세율도 누진세율로 바뀌었다. 1925년 법 개정 시에는 유산세 방식에서 유산취득세방식으로 전환이 이루어졌으며 같은 해에 별개의 독립입법인 라이히평가법(Reichsbewertungsgesetz)이 제정되어 상속재산 평가가 이에 따르게 되었다. 제2차 세계대전 이후인 1945년에 상속세 및 증여세는 다시 란트세로 되면서 1925년에 성립한 상속증여세제가 폐지되었다. 2008년 법 개정 시에는 가업승계세제가 도입되었다. 2010년에는 독일헌법재판소가 혼인관계의 경우와 생활동반자 관계 간에 공제 등이 불평등하게 적용되는 것을 위헌이라고 판결함에 따라 2011년 1월 1일 이후 두 제도가 상속세법상 평등하게 취급되도록 독일상증법이 개정되었다.

독일상증법에 관하여는 여러 차례의 위헌판결이 있었는데 그중 최근의 판결로 가업승계세제에 관한 독일 헌법재판소 2014년 12월 17일 자 위헌(헌법불합치) 판결이 있다. 위 판결은 중소기업의 그 존속과 고용유지를 위해서 상속세의 부담을 광범위하게 또는 완전히 제거시켜주는 입법은 입법자의 입법재량범위에 속하지만 입법자는 구체적인 조세우대의 수단을 결정할 때 충분한 정당화 근거를 갖추고 있어야 한다고 판시하였다. 이런 점에 비추어 볼 때 현행 독일상증법 제13a조, 제13b조에 따른 우대세제는 중소기업을 넘어서 필요성 검증

(Bedüftnisprüfung) 없이 우대세제를 대기업에게까지 적용하도록 한다는 점에서 비례의 원칙에 반하고, 관리자산이 50퍼센트 미만이라는 요건만 충족하면 관리자산을 포함하는 모든 재산에 대하여 우대세제가 적용된다는 점에서 평등원칙에 반하므로 결국 광범위한 우대범위와 형성가능성이라는 면에서 독일기본법(GG) 제3조 제1항에 규정된 평등원칙에 반한다고 판단한 것이다.[4] 독일헌법재판소는 헌법불합치 판결을 하면서 현행법을 계속 적용하되 입법자에게 2016년 6월 30일까지 새로운 입법의무를 부과하였다. 이에 따라 2016년 독일상증법이 개정되었고(Erbschaftsteuerreform 2016) 2016년 7월 1일부터 시행에 들어갔다. 현행법은 위 법률이 다시 2017년 7월 18일자로 개정된 것이다.

---

4) BVerfG, Urteil vom 17. 12. 2014 - 1 BvL 21/12, BeckRS 2014, 59427.

제 2 부

번역

Erbschaftsteuer- und Schenkungsteuergesetz (ErbStG)

(2018. 12. 15. 현재)

Abschnitt 1. Steuerpflicht	**제1장 납세의무**

§ 1 Steuerpflichtige Vorgänge

(1) Der Erbschaftsteuer (Schenkungsteuer) unterliegen

1. der Erwerb von Todes wegen;

2. die Schenkungen unter Lebenden;

3. die Zweckzuwendungen;

4. das Vermögen einer Stiftung, sofern sie wesentlich im Interesse einer Familie oder bestimmter Familien errichtet ist, und eines Vereins, dessen Zweck wesen-

제1조 납세의무의 발생원인

(1) 다음의 각 경우에 상속세(증여세)가 과세된다.

1. 사망을 원인으로 하는 재산취득

2. 생전증여(Schenkungen unter Lebenden)

3. 조건부상속(Zweckzuwendung)*

4. 주로 하나의 가족 또는 특정한 가족들을 위하여 설립된 재단법인 및 주로 하나의 가족 또는 특정한 가족들을 위하여 재산을 구속하기 위한 사단의 재산에 관한, 제9조 제1항 제4

tlich im Interesse einer Familie oder bestimmter Familien auf die Bindung von Vermögen gerichtet ist, in Zeitabständen von je 30 Jahren seit dem in § 9 Abs. 1 Nr. 4 bestimmten Zeitpunkt.

호에 규정된 시점부터 30년마다의 기간 경과**

譯註

* 조건부상속은 상속으로 인한 재산의 증가가 피상속인의 의사에 따라 특정 목적과 결부된 경우를 말하며 자산의 취득자에 대하여 그가 취득한 자산의 가액에서 그 특정 목적을 실현하기 위하여 취득자가 지출한 가액을 뺀 나머지 부분에 대하여 과세한다. 이동식, 독일의 지방세 제도 , 한국지방세연구원, 2012, 92면.

** 재단이나 기금이 법적으로 독립적으로 운영되면 원칙적으로 상속세의 과세대상이 아니지만 이들이 세대를 뛰어넘는 상속세의 회피 수단으로 이용되는 것을 막기 위한 것이다. 이동식, 앞의 글, 93면.

---

(2) Soweit nichts anderes bestimmt ist, gelten die Vorschriften dieses Gesetzes über die Erwerbe von Todes wegen auch für Schenkungen und Zweckzuwendungen, die Vorschriften über Schenkungen auch für Zweckzuwendungen

(2) 다른 규정이 없는 경우 사망으로 원인으로 하는 재산취득에 관한 이 법의 규정들은 증여 및 조건부상속에 관하여, 증여에 관한 규정들은 살아 있는 자간의 조건부상속에 각 적용된다.

unter Lebenden.

§ 2 Persönliche Steuerpflicht

(1) Die Steuerpflicht tritt ein

1. [1]in den Fällen des § 1 Abs. 1 Nr. 1 bis 3, wenn der Erblasser zur Zeit seines Todes, der Schenker zur Zeit der Ausführung der Schenkung oder der Erwerber zur Zeit der Entstehung der Steuer (§ 9) ein Inländer ist, für den gesamten Vermögensanfall (unbeschränkte Steuerpflicht). [2]Als Inländer gelten

a) natürliche Personen, die im Inland einen Wohnsitz oder ihren gewöhnlichen Aufenthalt haben,

b) deutsche Staatsange-

제2조 인적 납세의무

(1) 다음의 경우에 납세의무가 성립한다.

1. [1]제1조 제1항부터 제3호까지의 경우 피상속인이 그 사망 시, 증여자가 증여를 실행한 시점 또는 취득자가 납세의무 성립 시(제9조)에 내국인이면 모든 취득재산에 관하여 납세의무가 성립한다(무제한 납세의무). [2]다음의 자를 내국인으로 한다.

a) 국내에 주소 또는 거소를 둔 자연인

b) 국내에 주소가 없는 경우, 5

hörige, die sich nicht länger als fünf Jahre dauernd im Ausland aufgehalten haben, ohne im Inland einen Wohnsitz zu haben,

c) [1]unabhängig von der Fünfjahresfrist nach Buchstabe b deutsche Staatsangehörige, die

aa) im Inland weder einen Wohnsitz noch ihren gewöhnlichen Aufenthalt haben und

bb) zu einer inländischen juristischen Person des öffentlichen Rechts in einem Dienstverhältnis stehen und dafür Arbeitslohn aus einer inländischen öffentlichen Kasse beziehen,

sowie zu ihrem Haushalt gehörende Angehörige,

년을 초과하여 계속적으로 국외에 체류하고 있지 않은 독일국적자

c) [1]b)에서 정한 5년의 기간에 관계없이 이하의 조건을 만족하는 독일국적자로서

aa) 국내에 주소나 거소가 없고

bb) 내국 공법인에 근무하고 그에 관하여 내국의 공적 재정(公的 財政)으로부터 급여를 받고 있는 자

및 그와 가계를 같이 하는 독일국적자.

die die deutsche Staat-
sangehörigkeit besitzen.
[2]Dies gilt nur für Personen,
deren Nachlaß oder Erwerb
in dem Staat, in dem sie
ihren Wohnsitz oder ihren
gewöhnlichen Aufenthalt
haben, lediglich in einem der
Steuerpflicht nach Nummer
3 ähnlichen Umfang zu einer
Nachlaß- oder Erbanfallsteu-
er herangezogen wird,

d) Körperschaften, Personenvereinigungen und
Vermögensmassen, die
ihre Geschäftsleitung
oder ihren Sitz im Inland
haben;

2. in den Fällen des § 1 Abs.
1 Nr. 4, wenn die Stiftung
oder der Verein die Geschäftsleitung oder den Sitz im

[2]다만 주소 또는 거소를 가진
나라에서의 유산(Nachlass) 취
득 또는 재산취득(Erwerb)이
제3호에 따른 납세의무와 유사
한 범위에서 유산세(Nachlaßs-
teuer) 또는 유산취득세(Erban-
fallsteuer)의 과세대상으로 되
는 자에 한한다.

d) 국내에 관리장소 또는 본점
소재지를 가진 법인, 사단
(Personenvereinigung) 또는
재단

2. 제1조 제1항 제4호의 경우 국
내에 관리장소 또는 본점 소
재지를 둔 재단법인 또는 조합

Inland hat;

3. [1]in allen anderen Fällen
für den Vermögensanfall,
der in Inlandsvermögen
im Sinne des § 121 des
Bewertungsgesetzes
besteht (beschränkte Steuerpflicht). [2]Bei Inlandsvermögen im Sinne des § 121
Nr. 4 des Bewertungsge-
setzes ist es ausreichend,
wenn der Erblasser zur
Zeit seines Todes oder der
Schenker zur Zeit der Ausführung der Schenkung entsprechend der Vorschrift am
Grund- oder Stammkapital
der inländischen Kapitalgesellschaft beteiligt ist.
[3]Wird nur ein Teil einer
solchen Beteiligung durch
Schenkung zugewendet,
gelten die weiteren Erwer-

3. [1]위에 해당하지 않는 모든 경
우 평가법 제121조에서 정하
는 국내재산이 포함된 재산취
득(Vermögensanfall)(제한 납세
의무).
[2]평가법 제121조 제4항에서 정
한 국내재산에는 피상속인이
사망시점까지 또는 증여자가
증여의 실행시점까지 그 규정
에 따라 국내 물적회사의 기본
자본금(Grund- oder Stam-
mkapital)에 출자를 하는 것도
포함된다. [3]그와 같은 출자의
일부만을 증여받은 경우에는
동일한 출자를 추가로 취득하
면, 제14조에서 정하는 조건
을 충족하는 한, 그 취득시점
에서 피상속인 또는 증여자의
기본자본금에 대한 출자지분
이 10퍼센트 미만인 경우에도
국내재산의 취득으로 본다.

be aus der Beteiligung, soweit die Voraussetzungen des § 14 erfüllt sind, auch dann als Erwerb von Inlandsvermögen, wenn im Zeitpunkt ihres Erwerbs die Beteiligung des Erblassers oder Schenkers weniger als ein Zehntel des Grund- oder Stammkapitals der Gesellschaft beträgt.

(2) Zum Inland im Sinne dieses Gesetzes gehört auch der der Bundesrepublik Deutschland zustehende Anteil am Festlandsockel, soweit dort Naturschätze des Meeresgrundes und des Meeresuntergrundes erforscht oder ausgebeutet werden.

(2) 이 법률에서 정하는 국내(Inland)에는 해저지역의 해상(海床), 하층토 및 천연자원이 조사되거나 채굴되고 있는 대륙붕으로서 독일에 귀속하는 것을 포함한다.

(3) [aufgehoben]

§ 3 Erwerb von Todes wegen

(1) Als Erwerb von Todes wegen gilt

1. der Erwerb durch Erbanfall (§ 1922 des Bürgerlichen Gesetzbuchs), durch Vermächtnis (§§ 2147ff. des Bürgerlichen Gesetzbuchs) oder auf Grund eines geltend gemachten Pflichtteilsanspruchs (§§ 2303ff. des Bürgerlichen Gesetzbuchs);

2. ¹der Erwerb durch Schenkung auf den Todesfall (§ 2301 des Bürgerlichen Gesetzbuchs). ²Als Schenkung auf den Todesfall gilt auch der auf dem Ausscheiden

(3) [삭제]

제3조 사망을 원인으로 하는 재산취득

(1) 다음 각 호에 해당하는 사항은 사망을 원인으로 하는 재산취득으로 본다.

1. 상속을 통한 재산취득(독일민법 제1922조), 유증을 통한 재산취득(독일민법 제2147조 이하) 또는 유효하게 제기한 유류분반환청구권(독일민법 제2303조 이하);

2. ¹사인증여(Schenkung auf den Todesfall)를 통한 재산취득(독일민법 제2301조), ²인적 물적회사의 사원 사망 시에 사원의 퇴사에 따라 그 지분의 전부 또는 일부가 다른 사원 또는

eines Gesellschafters beruhende Übergang des Anteils oder des Teils eines Anteils eines Gesellschafters einer Personengesellschaft oder Kapitalgesellschaft bei dessen Tod auf die anderen Gesellschafter oder die Gesellschaft, soweit der Wert, der sich für seinen Anteil zur Zeit seines Todes nach § 12 ergibt, Abfindungsansprüche Dritter übersteigt. [3]Wird auf Grund einer Regelung im Gesellschaftsvertrag einer Gesellschaft mit beschränkter Haftung der Geschäftsanteil eines Gesellschafters bei dessen Tod eingezogen und übersteigt der sich nach § 12 ergebende Wert seines

회사로 이전되는 것도 제12조에 따른 사망 시의 지분 평가액이 제3자의 환급청구권을 초과하는 경우에는 사인증여로 본다. [3]유한회사의 회사설립계약에 따라 사원이 사망한 경우에는 지분이 환급되고 제12조에 따른 사망 시의 지분 평가액이 제3자의 환급청구권을 초과하는 경우에는 잔존 사원의 지분 가액의 상승분을 사인증여로 본다.

Anteils zur Zeit seines Todes Abfindungsansprüche Dritter, gilt die insoweit bewirkte Werterhöhung der Geschäftsanteile der verbleibenden Gesellschafter als Schenkung auf den Todesfall;

3. die sonstigen Erwerbe, auf die die für Vermächtnisse geltenden Vorschriften des bürgerlichen Rechts Anwendung finden;

3. 독일민법상 유증의 규정이 적용되는 그 밖의 재산취득

4. jeder Vermögensvorteil, der auf Grund eines vom Erblasser geschlossenen Vertrags bei dessen Tode von einem Dritten unmittelbar erworben wird.

4. 피상속인이 체결한 계약에 따라 피상속인 사망 시 제3자로부터 직접 취득하는 재산상의 이익*

譯註

* 계약자의 사망으로 생명보험, 연금보험 등에 의하여 제3자가 이득을 취하는 경우가 이에 해당한다. 이동식, 앞의 글, 92면.

(2) Als vom Erblasser zugewendet gilt auch

1. [1]der Übergang von Vermögen auf eine vom Erblasser angeordnete Stiftung. [2]Dem steht gleich die vom Erblasser angeordnete Bildung oder Ausstattung einer Vermögensmasse ausländischen Rechts, deren Zweck auf die Bindung von Vermögen gerichtet ist;

2. was jemand infolge Vollziehung einer vom Erblasser angeordneten Auflage oder infolge Erfüllung einer vom Erblasser gesetzten Bedingung erwirbt, es sei denn, daß eine einheitliche Zweckzuwendung vorliegt;

(2) 다음 각 호에 해당하는 사항은 피상속인이 출연한 것으로 본다.

1. [1]피상속인이 지정한 재단법인(Stiftung)으로의 재산 이전. [2]피상속인의 지시에 따라 재산의 구속(Bindung)을 목적으로 하는 외국법상의 재단(Vermögensmasse)의 형성 또는 설립된 경우에도 같다.

2. 피상속인이 지정한 부담을 실행하거나 또는 피상속인이 설정한 조건을 성취함에 따라 취득한 재산. 다만 전체로서 하나의 조건부상속으로 인정되는 경우를 제외한다.

3. was jemand dadurch erlangt, daß bei Genehmigung einer Zuwendung des Erblassers Leistungen an andere Personen angeordnet oder zur Erlangung der Genehmigung freiwillig übernommen werden;

4. was als Abfindung für einen Verzicht auf den entstandenen Pflichtteilsanspruch oder für die Ausschlagung einer Erbschaft, eines Erbersatzanspruchs oder eines Vermächtnisses oder für die Zurückweisung eines Rechts aus einem Vertrag des Erblassers zugunsten Dritter auf den Todesfall oder anstelle eines anderen in Absatz 1 genannten Erwerbs oder dafür gewährt wird, dass eine

3. 피상속인이 출연을 동의함에 따라 다른 자에 대한 급부행위가 지시되거나 또는 피상속인의 출연동의를 얻기 위하여 (제3자가) 급부행위를 임의로 인수함에 따라 취득한 재산

4. 발생한 유류분의 포기, 상속 포기, 상속권의 대위 청구권 포기, 유증의 포기 또는 사망 시 피상속인이 제3자를 위하여 체결한 계약에 따른 권리의 거절* 또는 제1항에 따른 재산취득에 갈음하거나 그 재산 취득에 관한 권리의 거절(그 결과 법적 지위, 특히 상속인 지위 또는 제1항에 따른 재산취득의 원인이 될 수 있는 권리 또는 청구권이 더 이상 유효하지 아니하게 되거나 부분적으로만 유효하게 되는 경우)에 대한 보상으로 주어진 것

Rechtsstellung, insbeson-
dere eine Erbenstellung,
oder ein Recht oder ein
Anspruch, die zu einem
Erwerb nach Absatz 1 füh-
ren würden, nicht mehr
oder nur noch teilweise geltend gemacht werden;

譯註

* 독일민법 제333조(제3자에 의한 권리의 거절)

§ 333 Zurückweisung des Rechts durch den Dritten

Weist der Dritte das aus dem Vertrag erworbene Recht dem Versprechenden
gegenüber zurück, so gilt das Recht als nicht erworben(제3자가 계약에 기하여 취득
하는 권리를 낙약자에 대하여 거절한 경우에는 그 권리는 취득되지 아니한 것으로 본다). 독일민
법 중 재산 편의 번역은 양창수, 독일민법전 박영사, 2015을 참고하였다.

---

5. was als Abfindung für ein
   aufschiebend bedingtes,
   betagtes oder befristetes
   Vermächtnis, für das die
   Ausschlagungsfrist abge-
   laufen ist, vor dem Zeitpunkt des Eintritts der
   Bedingung oder des
   Ereignisses gewährt wird;

5. 포기 기한을 경과한 정지조건
   부 발생기한부 유효기간부 유
   증에 관하여 그 조건 또는 사
   실이 발생하기 전에 보상으로
   서 받은 것

6. was als Entgelt für die Übertragung der Anwartschaft eines Nacherben gewährt wird;

7. was der Vertragserbe oder der Schlusserbe eines gemeinschaftlichen Testaments oder der Vermächtnisnehmer wegen beeinträchtigender Schenkungen des Erblassers (§§ 2287, 2288 Abs. 2 des Bürgerlichen Gesetzbuchs) von dem Beschenkten nach den Vorschriften über die ungerechtfertigte Bereicherung erlangt.

6. 후순위상속권(Anwartschaft eines Nacherben)의 양도 대가로서 받은 것

7. 계약상의 상속인(Vertragserbe) 또는 공동유언 상속인(Schlusserbe)* 또는 유증의 수증자가 이들의 권리를 침해하는 피상속인의 증여(독일민법 제2287조, 제2288조 제2항)와 관련하여 그 증여를 받은 자에 대하여 부당이득 규정에 따라 취득한 것

譯註

* 배우자 상호 간에 어느 일방이 사망하면 타방이 상속인이 되도록 하는 공동의 유언(gemeinschaftliches Testament)을 한 경우의 상속인을 말한다.

§ 4 Fortgesetzte Gütergemeinschaft

제4조 부부재산공동제(Gütergemeinschaft)의 존속

(1) Wird die Gütergemeinschaft beim Tod eines Ehegatten oder beim Tod eines Lebenspartners fortgesetzt (§§ 1483 ff. des Bürgerlichen Gesetzbuchs), wird dessen Anteil am Gesamtgut so behandelt, als wäre er ausschließlich den anteilsberechtigten Abkömmlingen angefallen.

(1) 부부재산공동제*를 일방 배우자 또는 생활동반자(Lebenspartner)의 사망 후에도 존속시키는 경우(독일민법 제1483조 이하), 해당 일방 배우자 또는 생활동반자의 합유재산지분은 합유지분권자인 직계비속에게만 상속된 것으로 취급한다.

譯註

* 독일민법상 부부재산제는 부부계약제에 속하는 부부별산제(Gütertennung)와 부부재산공동제(Gütergemeinschaft)가 있으며 부부계약제를 선택하지 않는 경우에는 법정재산제인 부가이득공동제(Zugewinngemeinschaft)가 자동적으로 적용된다(독일민법 제1363조 제1항). 부부재산공동제는 혼인기간 중 부부의 재산관계를 공동소유로 하고, 이혼 후에는 법률이 정하는 바에 따라 분할한다. 부가이득공동제는 혼인기간 중에는 부부재산을 별개의 재산으로 관리하여 별산제와 유사하지만 이혼 시에는 재산증가액을 청산한다. 이상, 강승묵, "독일법상 부부재산의 처분제한에 관한 소고", 가족법연구 제23권 제3호, 2009, 20면.

(2) ¹Beim Tode eines anteilsberechtigten Abkömmlings gehört dessen Anteil am Gesamtgut zu seinem Nachlaß. ²Als Erwerber des Anteils gelten diejeni-

(2) ¹합유지분권자인 직계비속이 사망한 경우에는 그 합유재산지분은 그 직계비속의 상속재산(Nachlass)에 속한다. ²독일민법 제1490조 제2문, 제3문에 따라 지분이 귀속되는 자는 지

gen, denen der Anteil nach § 1490 Satz 2 und 3 des Bürgerlichen Gesetzbuchs zufällt.

분의 취득자로 본다.

§ 5 Zugewinngemeinschaft

(1) [1]Wird der Güterstand der Zugewinngemeinschaft (§ 1363 des Bürgerlichen Gesetzbuchs, § 6 des Lebenspartnerschaftsgesetzes) durch den Tod eines Ehegatten oder den Tod eines Lebenspartners beendet und der Zugewinn nicht nach § 1371 Abs. 2 des Bürgerlichen Gesetzbuchs ausgeglichen, gilt beim überlebenden Ehegatten oder beim überlebenden Lebenspartner der Betrag, den er nach Maßgabe des § 1371 Abs. 2

제5조 부가이득공동제

(1) [1]부가이득공동제[독일민법 제1363조, 생활동반자법(Lebenspartnerschaftsgesetz) 제6조]가 일방 배우자 또는 생활동반자의 사망에 의하여 종료하고 그 재산증가액이 독일민법 제1371조 제2항의 규정에 따라 청산되지 않은 경우에는 생존 배우자 또는 생활동반자가 독일민법 제1371조 제2항의 규정에 따라 청산청구권을 행사할 수 있는 금액은 제3조에서 정하는 재산취득에 포함되지 않는다. [2]해당 금액의 산출을 위하여 독일민법 제1373조부터 제1383조, 제1390조의

des Bürgerlichen Gesetzbuchs als Ausgleichsforderung geltend machen könnte, nicht als Erwerb im Sinne des § 3. [2]Bei der Berechnung dieses Betrags bleiben von den Vorschriften der §§ 1373 bis 1383 und 1390 des Bürgerlichen Gesetzbuchs abweichende güterrechtliche Vereinbarungen unberücksichtigt. [3]Die Vermutung des § 1377 Abs. 3 des Bürgerlichen Gesetzbuchs findet keine Anwendung. [4]Wird der Güterstand der Zugewinngemeinschaft durch Ehevertrag oder Lebenspartnerschaftsvertrag vereinbart, gilt als Zeitpunkt des Eintritts des Güterstandes (§ 1374 Abs. 1 des Bürgerlichen Gesetzbuchs) der Tag des

규정과 상이한 부부재산법상의 합의는 고려하지 않는다. [3]독일민법 제1377조 제3항에서 규정하는 추정은 적용하지 않는다. [4]부가이득공동제에 따른 부부재산관계(Güterstand)가 부부계약 또는 생활동반자계약에 의해 합의된 경우에는 각 계약 체결일을 부부재산관계의 개시 시점(독일민법 제1374조 제1항)으로 본다. [5]청산청구액으로서 비과세로 되는 금액을 계산할 때 피상속인의 최종재산(Endvermögen)이 세법상의 평가원칙에 따른 평가액 이상으로 평가되는 경우, 최종재산의 세법상 평가액에 상응하는 금액을, (제3조에서 규정한) 재산취득으로 보지 않는 금액의 상한으로 한다.

Vertragsabschlusses. [5]Soweit das Endvermögen des Erblassers bei der Ermittlung des als Ausgleichsforderung steuerfreien Betrags mit einem höheren Wert als dem nach den steuerlichen Bewertungsgrundsätzen maßgebenden Wert angesetzt worden ist, gilt höchstens der dem Steuerwert des Endvermögens entsprechende Betrag nicht als Erwerb im Sinne des § 3.

(2) Wird der Güterstand der Zugewinngemeinschaft in anderer Weise als durch den Tod eines Ehegatten oder eines Lebenspartners beendet oder wird der Zugewinn nach § 1371 Abs. 2 des Bürgerlichen

(2) 부가이득공동제의 재산제가 일방 배우자 또는 생활동반자의 사망 이외의 원인으로 종료하거나 재산증가액이 독일민법 제1371조 제2항의 규정에 따라 청산된 경우 청산청구권 (독일민법 제1378조)은 제3조 및 제7조에 규정하는 재산취득에

Gesetzbuchs ausgeglichen, gehört die Ausgleichsforderung (§ 1378 des Bürgerlichen Gesetzbuchs) nicht zum Erwerb im Sinne der §§ 3 und 7.

(3) Wird der Güterstand der Wahl-Zugewinngemeinschaft (§ 1519 des Bürgerlichen Gesetzbuchs) beendet und der Zugewinn ausgeglichen, so gehört die Ausgleichsforderung (Artikel 12 Absatz 1 des Abkommens vom 4. Februar 2010 zwischen der Bundesrepublik Deutschland und der Französischen Republik über den Güterstand der Wahl-Zugewinngemeinschaft) nicht zum Erwerb im Sinne der §§ 3 und 7.

포함되지 않는다.

(3) 선택 부가이득공동제(Wahl-Zugewinngemeinschaft, 독일 민법 제1519조)*에 따른 부부재산관계가 종료되고 재산증가액이 청산된 경우, 그 청산청구권(독일과 프랑스 간의 선택 부가이득공동제에 관한 2010. 2. 4.자 협정** 제12조 제1항)은 제3조 및 제7조에 규정하는 재산취득에 포함되지 않는다.

譯註

* 선택 부가이득공동제는 2010. 2. 4. 독일과 프랑스 간에 체결된 선택 부가이득공동제에 관한 협정에 따라 2012. 3. 15. 독일민법 제1519조에 도입된 부부재산관계이다. 부부 또는 생활동반자들이 선택 부가이득공동제를 선택한 경우 그들은 자신의 국적과 무관하게 그 부부재산관계가 독일 물권법 또는 프랑스 물권법 중 어느 하나에 따르도록 결정할 수 있다.

** Abkommen vom 4. Februar 2010 zwischen der Bundesrepublik Deutschland und der Französischen Republik über den Güterstand der Wahl-Zugewinngemeinschaft.

§ 6 Vor- und Nacherbschaft

(1) Der Vorerbe gilt als Erbe.

(2) ¹Bei Eintritt der Nacherbfolge haben diejenigen, auf die das Vermögen übergeht, den Erwerb als vom Vorerben stammend zu versteuern. ²Auf Antrag ist der Versteuerung das Verhältnis des Nacherben zum Erblasser zugrunde zu legen. ³Geht in diesem Fall auch eigenes Vermö-

제6조 선순위상속과 후순위상속

(1) 선순위상속인을 상속인으로 한다.

(2) ¹후순위상속이 발생한 경우에는 재산을 취득한 자는 선순위상속인으로부터 상속한 것으로 취급하여 과세한다. ²신청이 있은 경우에는 후순위상속인의 피상속인에 대한 관계를 기준으로 하여 과세한다. ³이 경우 선순위상속인의 고유재산이 후순위상속인에게 이전되는 때에는 과세계급(Steuerklasse)의 판정 시 두 번의 재산이전을 구분하여 취급한다. ⁴선순위상

gen des Vorerben auf den Nacherben über, sind beide Vermögensanfälle hinsichtlich der Steuerklasse getrennt zu behandeln. [4]Für das eigene Vermögen des Vorerben kann ein Freibetrag jedoch nur gewährt werden, soweit der Freibetrag für das der Nacherbfolge unterliegende Vermögen nicht verbraucht ist. [5]Die Steuer ist für jeden Erwerb jeweils nach dem Steuersatz zu erheben, der für den gesamten Erwerb gelten würde.

(3) [1]Tritt die Nacherbfolge nicht durch den Tod des Vorerben ein, gilt die Vorerbfolge als auflösend bedingter, die Nacherbfolge als aufschiebend bedingter

속인의 고유재산에 대한 공제액은 후순위상속된 재산의 공제액이 적용되지 않은 경우에 한하여 인정된다. [5]재산취득 전체에 관하여 적용될 세율을 각각의 재산취득에 관하여 적용하여 산출한 세액을 징수한다.

(3) [1]후순위상속이 선순위상속인의 사망에 의하여 발생한 것이 아닌 경우에는 선순위상속은 해제조건부 상속으로 보고 후순위상속은 정지조건부 상속으로 본다. [2]이 경우 선순위상

Anfall. ²In diesem Fall ist dem Nacherben die vom Vorerben entrichtete Steuer abzüglich desjenigen Steuerbetrags anzurechnen, welcher der tatsächlichen Bereicherung des Vorerben entspricht.

속인이 납부한 세액에서 선순위상속인의 사실상의 취득에 대응하는 금액을 공제한 액을 후순위상속인의 세액에서 공제한다.

(4) Nachvermächtnisse und beim Tod des Beschwerten fällige Vermächtnisse oder Auflagen stehen den Nacherbschaften gleich.

(4) 후순위유증(Nachvermächtnisse) 및 유증의무자(Beschwerte)*의 사망에 따른 유증 또는 부담(Auflage)**은 후순위상속과 같이 취급한다.

譯註

* 유증의무자는 유언에 따라 확정된 유증을 각각의 수증자에게 이행할 의무를 지는 자를 말한다(독일민법 제2147조).

** 부담은 피상속인이 유언 또는 상속계약을 통해 유증의무자에게 의무를 지운 행위를 말한다. 피상속인 무덤의 관리, 피상속인을 위한 추모회 주관 등이 그 예이다(독일민법 제2192조 이하). 유증과 부담은 모두 유증의무자에게 의무를 지우는 것이지만, 유증의 경우 그 상대방(수증자)은 유증의 이행을 구할 권리를 갖는 데 반하여 부담의 경우 그 상대방은 부담의 이행을 구할 권리를 갖지 못한다는 점에서 차이가 있다.

§ 7 Schenkungen unter Lebenden

(1) Als Schenkungen unter Lebenden gelten

1. jede freigebige Zuwendung unter Lebenden, soweit der Bedachte durch sie auf Kosten des Zuwendenden bereichert wird;

2. was infolge Vollziehung einer von dem Schenker angeordneten Auflage oder infolge Erfüllung einer einem Rechtsgeschäft unter Lebenden beigefügten Bedingung ohne entsprechende Gegenleistung erlangt wird, es sei denn, daß eine einheitliche Zweckzuwendung vorliegt;

제7조 생전증여(Schenkungen unter Lebenden)

(1) 다음 각 호에 해당하는 것을 생전증여(Schenkungen unter Lebenden)로 본다.

1. 살아있는 자간에 이루어지는 재산의 공여로서 증여자의 비용으로 수증자의 재산이 증가하는 경우

2. 증여자가 지시한 부담을 실행하거나 살아있는 자간의 법률행위에 부가된 조건이 성취됨에 따라 무상으로 취득한 물건. 다만 전체적으로 하나의 부담부증여에 해당하는 경우를 제외한다.

3. was jemand dadurch erlangt, daß bei Genehmigung einer Schenkung Leistungen an andere Personen angeordnet oder zur Erlangung der Genehmigung freiwillig übernommen werden;

3. 증여에 동의하는 조건으로서 (증여자가) 다른 자에 대한 급부를 지시함에 따라, 혹은 (증여자로부터) 증여의 동의를 얻기 위하여 임의로 (급부를) 인수함에 따라 제3자에게 일어난 재산 증가

4. die Bereicherung, die ein Ehegatte oder ein Lebenspartner bei Vereinbarung der Gütergemeinschaft (§ 1415 des Bürgerlichen Gesetzbuchs) erfährt;

4. 부부재산공동제(독일민법 제1415조)의 합의에 따른 일방 배우자 또는 생활동반자에게 일어난 재산 증가

5. was als Abfindung für einen Erbverzicht (§§ 2346 und 2352 des Bürgerlichen Gesetzbuchs) gewährt wird;

5. 상속포기(독일민법 제2346조, 제2352조)의 대가로 취득한 것

6. [aufgehoben]

6. [삭제]

7. was ein Vorerbe dem Nach-

7. 선순위상속인이, 지시된 후순

erben mit Rücksicht auf die angeordnete Nacherbschaft vor ihrem Eintritt herausgibt;

8. [1]der Übergang von Vermögen auf Grund eines Stiftungsgeschäfts unter Lebenden. [2]Dem steht gleich die Bildung oder Ausstattung einer Vermögensmasse ausländischen Rechts, deren Zweck auf die Bindung von Vermögen gerichtet ist;

9. [1]was bei Aufhebung einer Stiftung oder bei Auflösung eines Vereins, dessen Zweck auf die Bindung von Vermögen gerichtet ist, erworben wird. [2]Dem steht gleich der Erwerb bei Auflösung einer Vermö-

위상속을 고려하여 상속 개시 전에 후순위상속인에게 부여한 것

8. [1]살아있는 자간에 행해진 재단법인설립행위(Stiftungsgeschäft). [2]재산의 구속을 목적으로 하는 외국법상의 재단(Vermögensmasse)을 형성 또는 설립하는 것도 이와 같다.

9. [1]재산의 구속을 목적으로 한 재단법인(Stiftung)이나 사단(Verein)의 해산에 따라 취득한 것. [2]재산의 구속을 목적으로 하는 외국법상의 재단(Vermögensmasse)을 해산함에 따라 취득한 것과 재단의 존속 중에 중간권리자(Zwischen-

gensmasse ausländischen Rechts, deren Zweck auf die Bindung von Vermögen gerichtet ist, sowie der Erwerb durch Zwischenberechtigte während des Bestehens der Vermögensmasse. [3]Wie eine Auflösung wird auch der Formwechsel eines rechtsfähigen Vereins, dessen Zweck wesentlich im Interesse einer Familie oder bestimmter Familien auf die Bindung von Vermögen gerichtet ist, in eine Kapitalgesellschaft behandelt;

10. was als Abfindung für aufschiebend bedingt, betagt oder befristet erworbene Ansprüche, soweit es sich nicht um einen Fall des § 3 Abs. 2 Nr. 5 handelt, vor

berechtigte)를 통하여 취득한 것도 이와 같다. [3]하나의 가족 또는 특정한 가족들의 이익을 위하여 재산을 구속할 목적으로 설립된 사단법인을 물적회사로 조직변경하는 경우 이를 해산으로 본다.

10. 제3조 제2항 제5호의 경우를 제외하고, 해제조건부, 기일조건부, 기한부로 취득한 청구권의 대가로서 조건 또는 사건이 실현되기 전에 지급한 것

dem Zeitpunkt des Eintritts der Bedingung oder des Ereignisses gewährt wird.

(2) [1]Im Fall des Absatzes 1 Nr. 7 ist der Versteuerung auf Antrag das Verhältnis des Nacherben zum Erblasser zugrunde zu legen. [2]§ 6 Abs. 2 Satz 3 bis 5 gilt entsprechend.

(3) Gegenleistungen, die nicht in Geld veranschlagt werden können, werden bei der Feststellung, ob eine Bereicherung vorliegt, nicht berücksichtigt.

(4) Die Steuerpflicht einer Schenkung wird nicht dadurch ausgeschlossen, daß sie zur Belohnung

(2) [1]제1항 제7호의 경우에는 신청이 있으면 후순위상속인의 피상속인에 대한 관계를 기준으로 과세한다. [2](이 경우) 제6조 제2항 제3호부터 제5호까지를 준용한다.

(3) 금전으로 평가할 수 없는 반대급부(Gegenleistung)는 재산의 증가가 존재하는지 여부를 확정할 때 고려하지 않는다.

(4) 증여를 보수로 위장하거나 조건부 또는 부담부 계약으로 위장하더라도 (증여세) 납세의무를 회피할 수 없다.

oder unter einer Auflage gemacht oder in die Form eines lästigen Vertrags gekleidet wird.

(5) [1]Ist Gegenstand der Schenkung eine Beteiligung an einer Personengesellschaft, in deren Gesellschaftsvertrag bestimmt ist, daß der neue Gesellschafter bei Auflösung der Gesellschaft oder im Fall eines vorherigen Ausscheidens nur den Buchwert seines Kapitalanteils erhält, werden diese Bestimmungen bei der Feststellung der Bereicherung nicht berücksichtigt. [2]Soweit die Bereicherung den Buchwert des Kapitalanteils übersteigt, gilt sie als auflösend

(5) [1]증여의 목적물이 인적회사지분이고 새로운 사원이 인적회사의 해산 또는 해산 전의 퇴사 시에 자본에 대한 지분을 장부가액으로 환급받도록 회사설립계약에 정한 경우 그러한 규정은 재산의 증가를 판단할 때 고려하지 않는다. [2]재산의 증가가 자본에 대한 지분의 장부가액을 초과하는 경우에만 그 재산의 증가는 해제조건부로 취득된 것으로 본다.

bedingt erworben.

(6) Wird eine Beteiligung an einer Personengesells-chaft mit einer Gewinn-beteiligung ausgestattet, die insbesondere der Kapi-taleinlage, der Arbeits-oder der sonstigen Leis-tung des Gesellschafters für die Gesellschaft nicht entspricht oder die einem fremden Dritten üblicher-weise nicht eingeräumt würde, gilt das Übermaß an Gewinnbeteiligung als selbständige Schenkung, die mit dem Kapitalwert anzusetzen ist.

(6) 인적회사에 대한 지분에 관하여 (사원에 의한) 출자, 노무제공 그 밖의 급부에 상응하지 않는 이익참여(Gewinnbeteiligung)가 인정되어 있는 경우나 제3자에게라면 부여되지 않았을 이익참여가 인정되는 경우 이익참여의 초과분은 별도의 증여로 보고 자본가액으로 평가하여야 한다.

(7) [1]Als Schenkung gilt auch der auf dem Ausscheiden eines Gesellschafters beruhende Übergang des

(7) [1]사원이 퇴사함에 따라 인적회사 또는 자본회사의 지분의 전부 또는 일부가 다른 사원이나 회사로 양도되는 경우 퇴사 시

Anteils oder des Teils eines Anteils eines Gesellschafters einer Personengesellschaft oder Kapitalgesellschaft auf die anderen Gesellschafter oder die Gesellschaft, soweit der Wert, der sich für seinen Anteil zur Zeit seines Ausscheidens nach § 12 ergibt, den Abfindungsanspruch übersteigt. [2]Wird auf Grund einer Regelung im Gesellschaftsvertrag einer Gesellschaft mit beschränkter Haftung der Geschäftsanteil eines Gesellschafters bei dessen Ausscheiden eingezogen und übersteigt der sich nach § 12 ergebende Wert seines Anteils zur Zeit seines Ausscheidens den Abfindungsanspruch, gilt

제12조에 따라 평가한 지분의 가액이 그에 대한 환급청구권의 가액을 초과하는 경우 이를 증여로 본다. [2]유한회사회사설립계약에 따라 그 사원이 퇴사하여 그 지분이 소각되고 그 퇴사 시 제12조에 따라 평가한 지분의 가액이 그에 대한 환급청구권을 초과하는 경우 그와 관련하여 증가한 잔존 사원의 지분가액 증가분은 퇴사한 사원이 이를 증여한 것으로 본다.

die insoweit bewirkte Werterhöhung der Anteile der verbleibenden Gesellschafter als Schenkung des ausgeschiedenen Gesellschafters. Bei Übertragungen im Sinne des § 10 Abs. 10 gelten die Sätze 1 und 2 sinngemäß.

(8) [1]Als Schenkung gilt auch die Werterhöhung von Anteilen an einer Kapitalgesellschaft, die eine an der Gesellschaft unmittelbar oder mittelbar beteiligte natürliche Person oder Stiftung (Bedachte) durch die Leistung einer anderen Person (Zuwendender) an die Gesellschaft erlangt. [2]Freigebig sind auch Zuwendungen zwischen Kapitalgesellschaften,

(8) [1]물적회사에 직접 간접으로 지분을 보유하고 있는 자연인이나 재단법인(수증자)이 다른 자(증여자)의 그 물적회사에 대한 급부를 통하여 물적회사의 지분가액이 증가하는 이익을 얻게 된 경우 그 증가분을 증여로 본다. [2]물적회사간에 재산적 이익을 이전하는 행위는 그 사원들의 재산을 증가하게 하려는 의도에서 행해지고 그 사원들이 직접 간접으로 보유하고 있는 각 회사의 지분비율이 동일하지 않는 한 임의의 증여

soweit sie in der Absicht getätigt werden, Gesellschafter zu bereichern und soweit an diesen Gesellschaften nicht unmittelbar oder mittelbar dieselben Gesellschafter zu gleichen Anteilen beteiligt sind. [3]Die Sätze 1 und 2 gelten außer für Kapitalgesellschaften auch für Genossenschaften.

로 본다. [3]제1문, 제2문은 물적 회사 이외에도 협동조합에 관하여 적용된다.

譯註

* 제7조 제8항 제2문의 적용에 관한 예시를 들면 다음과 같다. 甲은 A 주식회사의 100% 주주이고 동시에 B 주식회사의 40% 주주이다. 갑의 자(子)인 乙은 B 주식회사의 60% 주주이다. 甲은 자신이 지배하고 있는 A 주식회사로 하여금 B 주식회사에 토지를 시가보다 10만 유로 낮게 매도하도록 하였다. 독일의 행정해석은 위 경우에 A 주식회사와 乙 간의 관계는 제7조 제8항 제2문의 적용대상이고 증여의 대상은 B 주식회사가 얻은 재산상 이익의 60%만큼 가치가 증가한 乙의 주식이다. 증여세를 산정할 때에는 甲이 乙에게 증여한 것으로 다루어진다. 위 사안에서 갑의 A 주식회사에 대한 지분(100%)과 B 회사에 대한 지분(40%)이 동일하지 않다는 것이 그 적용요건의 하나이다. 이상 Erlasse v. 14.3.2012. BStBl. I. 2012, 331 Rn. 4.1; Loose in Oertzen/Loose, Erbschaftsteuer- und Schenkungsteuergesetz Kommentar, 2017, § 7 ErbStG Rn. 581, 582.

§ 8 Zweckzuwendungen

Zweckzuwendungen sind Zuwendungen von Todes wegen oder freigebige Zuwendungen unter Lebenden, die mit der Auflage verbunden sind, zugunsten eines bestimmten Zwecks verwendet zu werden, oder die von der Verwendung zugunsten eines bestimmten Zwecks abhängig sind, soweit hierdurch die Bereicherung des Erwerbers gemindert wird.

§ 9 Entstehung der Steuer

(1) Die Steuer entsteht

1. bei Erwerben von Todes wegen mit dem Tode des Erblassers, jedoch

제8조 부담부증여

부담부증여는 특정한 목적을 위하여 이용되는 것을 부담으로 하거나, 특정한 목적을 위하여 이용하는 것과 결부되어 있는 사인증여 또는 생전증여로서 그로 인하여 수증자의 재산상태가 감소하는 것을 말한다.

제9조 납세의무의 성립

(1) 납세의무의 성립시기는 다음 각호와 같다.
 1. 사망에 의한 취득은 피상속인의 사망 시로 한다. 다만 다음의 각 경우는 그렇지 않다.

a) für den Erwerb des unter einer aufschiebenden Bedingung, unter einer Betagung oder Befristung Bedachten sowie für zu einem Erwerb gehörende aufschiebend bedingte, betagte oder befristete Ansprüche mit dem Zeitpunkt des Eintritts der Bedingung oder des Ereignisses,

b) für den Erwerb eines geltend gemachten Pflichtteilsanspruchs mit dem Zeitpunkt der Geltendmachung,

c) im Fall des § 3 Abs. 2 Nr. 1 Satz 1 mit dem Zeitpunkt der Anerkennung der Stiftung als rechtsfäig und im Fall des § 3 Abs. 2 Nr. 1 Satz 2 mit dem Zeitpunkt der Bildung

a) 해제조건부, 기일지정부 또는 기한부 취득의 경우 및 취득 재산의 일부에 해제조건부, 기일지정부 또는 기한부의 청구권이 포함되어 있는 경우에는 해당 조건 또는 사실이 실현된 때

b) 유효하게 제기된 유류분반환청구권 행사에 따른 취득의 경우에는 그 행사한 때

c) 제3조 제2항 제1호의 경우에는 재단법인에 권리능력이 부여되는 때 그리고 제3조 제1항 제2문의 경우에는 재단이 형성 또는 설립되는 때

oder Ausstattung der Ver-
mögensmasse,

d) in den Fällen des § 3
Abs. 2 Nr. 2 mit dem Zeitpunkt der Vollziehung
der Auflage oder der
Erfülung der Bedingung,

d) 제3조 제2항 제2호의 경우에
는 부담이 실행되거나 또는
조건이 성취되는 때

e) in den Fällen des § 3
Abs. 2 Nr. 3 mit dem Zeitpunkt der Genehmigung,

e) 제3조 제2항 제3호의 경우에
는 동의하는 때

f) in den Fällen des § 3
Absatz 2 Nummer 4 mit
dem Zeitpunkt des Ver-
zichts, der Ausschlagung,
der Zurückweisung oder
der Erklärung über das
Nichtgeltendmachen,

f) 제3조 제2항 제4호의 경우에
는 포기하는 때 또는 철회의
의사표시를 하는 때

g) im Fall des § 3 Abs. 2 Nr.
5 mit dem Zeitpunkt der
Vereinbarung üer die
Abfindung,

g) 제3조 제2항 제5호의 경우에
는 대가에 관하여 합의한 때

h) für den Erwerb des Nacherben mit dem Zeitpunkt
des Eintritts der Nacherb-

h) 후순위상속인의 취득의 경우
에는 후순위상속이 발생한
때

folge,

i) im Fall des § 3 Abs. 2 Nr. 6 mit dem Zeitpunkt der Üertragung der Anwartschaft,

j) im Fall des § 3 Abs. 2 Nr. 7 mit dem Zeitpunkt der Geltendmachung des Anspruchs;

2. bei Schenkungen unter Lebenden mit dem Zeitpunkt der Ausführung der Zuwendung;

3. bei Zweckzuwendungen mit dem Zeitpunkt des Eintritts der Verpflichtung des Beschwerten;

4. in den Fällen des § 1 Abs. 1 Nr. 4 in Zeitabstäden von je 30 Jahren seit dem Zeitpunkt des ersten Üergangs

i) 제3조 제2항 제6호의 경우에는 상속권을 양도한 때

j) 제3조 제2항 제7호의 경우에는 청구권을 행사한 때

2. 생전증여의 경우에는 증여를 실행한 때

3. 부담부증여의 경우의 유증의 무자의 의무가 발생한 때

4. 제1조 제1항 제4호의 경우, 재산이 최초에 재산법인 또는 사단으로 이전된 때로부터 매 30년. 재산이 최초로 재단법인

von Vermögen auf die Stiftung oder auf den Verein. Fällt bei Stiftungen oder Vereinen der Zeitpunkt des ersten Übergangs von Vermögen auf den 1. Januar 1954 oder auf einen früheren Zeitpunkt, entsteht die Steuer erstmals am 1. Januar 1984. Bei Stiftungen und Vereinen, bei denen die Steuer erstmals am 1. Januar 1984 entsteht, richtet sich der Zeitraum von 30 Jahren nach diesem Zeitpunkt.

또는 사단으로 이전된 때가 1954년 1월 1일 이전인 경우 납세의무는 1984년 1월 1일에 성립한다. 납세의무가 1984년 1월 1일에 처음 성립하는 재단 법인 또는 사단의 경우 30년 의 간격은 이 시점을 기준으로 한다.

(2) In den Fällen der Aussetzung der Versteuerung nach § 25 Abs. 1 Buchstabe a gilt die Steuer fü den Erwerb des belasteten Vermögens als mit dem

(2) 제25조 제1항 a에 따른 과세 정지의 경우 부담부재산의 취 득에 관한 납세의무는 그 부담 이 소멸하는 때에 성립하는 것 으로 한다.

Zeitpunkt des Erlöschens
der Belastung entstanden.

<table>
<tr><td>

Abschnitt 2.
Wertermittlung

</td><td>

제2장
가치평가

</td></tr>
</table>

§ 10 Steuerpflichtiger Erwerb

(1) [1]Als steuerpflichtiger Erwerb gilt die Bereicherung des Erwerbers, soweit sie nicht steuerfrei ist (§§ 5, 13, 13a, 13c, 13d, 16, 17 und 18). [2]In den Fälen des § 3 gilt unbeschadet Absatz 10 als Bereicherung der Betrag, der sich ergibt, wenn von dem nach § 12 zu ermittelnden Wert des gesamten Vermögensanfalls, soweit er der Besteuerung nach diesem Gesetz unterliegt, die nach den Absätzen 3 bis 9 abzugsfähigen Nachlassverbindlichkeiten mit ihrem nach § 12 zu ermittelnden Wert

제10조 과세대상이 되는 취득

(1) [1]취득자의 재산증가는 비과세되는 경우(제5조, 제13조, 제13a조, 제13c조, 제13d조, 제16조, 제17조, 제18조)를 제외하고 과세대상이 되는 취득으로 본다. [2]제3조의 경우 제10항에도 불구하고 이 법에 따라 과세대상이 되는 모든 취득재산을 제12조에 따라 평가한 금액에서 제3항부터 제9항까지에 규정된 상속채무로서 제12조에 따라 평가한 금액을 뺀 것을 재산증가로 본다. [3]피상속인의 과오납금반환청구권(Steuererstattungspruch)은 적법하게 성립한 경우(조세기본법 제37조 제2항) 고려되어야 한다. [4]인적회사 또는 합유공동체(Gesamthandsgemeinschaft)의 지

abgezogen werden. ³Steuer-erstattungsansprüche des Erblassers sind zu berücksichtigen, wenn sie rechtlich entstanden sind (§ 37 Abs. 2 der Abgabenordnung). ⁴Der unmittelbare oder mittelbare Erwerb einer Beteiligung an einer Personengesellschaft oder einer anderen Gesamthandsgemeinschaft, die nicht unter § 97 Abs. 1 Satz 1 Nr. 5 des Bewertungsgesetzes fällt, gilt als Erwerb der anteiligen Wirtschaftsgüter; die dabei übergehenden Schulden und Lasten der Gesellschaft sind bei der Ermittlung der Bereicherung des Erwerbers wie eine Gegenleistung zu behandeln. ⁵Bei der Zweckzuwendung tritt an die

분의 직접 간접 취득으로 평가법 (Bewertungsgesetz) 제97조 제1항 제1문 제5호에 해당하지 않는 것은 경제재(Wirtschafts-gut)*를 지분에 따라 취득한 것으로 본다. 이와 관련하여 이전되는 회사의 채무와 부담은 취득자의 재산증가를 계산할 때 반대급부로 취급한다. ⁵조건부상속의 경우 취득재산 유증의무자의 부담을 재산증가로 본다. ⁶과세대상이 되는 취득은 버림을 하여 100유로로 단위로 한다. ⁷제1조 제1항 제4호의 경우 재단법인 또는 사단의 재산을 재산증가로 본다.

Stelle des Vermögensan-
falls die Verpflichtung des
Beschwerten. [6]Der steuerpflichtige Erwerb wird auf
volle 100 Euro nach unten
abgerundet. [7]In den Fällen
des § 1 Abs. 1 Nr. 4 tritt an
die Stelle des Vermögen-
sanfalls das Vermögen der
Stiftung oder des Vereins.

譯註

* 독일세법상 경제재는 적극적 경제재(aktives Wirtschaftsgut)인 자산과 소극적 경제재 (passives Wirtschaftsgut)인 부채를 포괄하는 개념으로서 부채를 포함한다는 점에서 독일상법상의 자산(Vermögensgegenstände)과 구별된다. Tipke/Lang, Steuerrecht, 22.Aufl., 2015, § 9 Rn. 120ff.

(2) Hat der Erblasser die Entrichtung der von dem Erwerber geschuldeten Steuer einem anderen auferlegt oder hat der Schenker die Entrichtung der vom Beschenkten ges-chuldeten Steuer selbst

(2) 피상속인이 취득자가 납세의무를 지는 조세의 납부를 제3자에게 미루거나 증여자가 유증의무자가 납세의무를 지는 조세를 스스로 인수하거나 제3자에게 미룬 경우 제1항에 따른 취득과 그에 상응한 조세를 합한 금액을 취득한 것으로 본다.

übernommen oder einem anderen auferlegt, gilt als Erwerb der Betrag, der sich bei einer Zusammenrechnung des Erwerbs nach Absatz 1 mit der aus ihm errechneten Steuer ergibt.

(3) Die infolge des Anfalls durch Vereinigung von Recht und Verbindlichkeit oder von Recht und Belastung erloschenen Rechtsverhältnisse gelten als nicht erloschen.

(4) Die Anwartschaft eines Nacherben gehört nicht zu seinem Nachlaß.

(5) Von dem Erwerb sind, soweit sich nicht aus den Absätzen 6 bis 9 etwas

(3) 채권과 채무 또는 권리와 부담의 혼동으로 인하여 소멸한 법률관계는 소멸하지 않은 것으로 본다.

(4) 후순위 상속의 가능성은 유산으로 보지 않는다.

(5) 제6항부터 제9항까지에서 달리 규정하지 않는 한, 다음 각 호에 해당하는 금액을 유산채

anderes ergibt, als Nachlaß-
verbindlichkeiten abzugs-
fäig

1. die vom Erblasser herrüh-
renden Schulden, soweit sie
nicht mit einem zum Erw-
erb gehörenden Gewerbe-
betrieb, Anteil an einem
Gewerbebetrieb, Betrieb der
Land- und Forstwirtschaft
oder Anteil an einem Betrieb
der Land- und Forstwirtschaft
in wirtschaftlichem Zusammenhang stehen und bere-
its bei der Bewertung der
wirtschaftlichen Einheit
berücksichtigt worden
sind;

2. Verbindlichkeiten aus Ver-
mächtnissen, Auflagen
und geltend gemachten
Pflichtteilen und Erber-

무(Nachlassverbindlichkeit)로
서 공제할 수 있다.

1. 피상속인이 부담한 채무로서 영
업, 영업 지분, 농림업 또는 농림
업 지분과 경제적 관련성이 없고
이미 경제적 단일체를 평가할 때
고려된 것

2. 유증, 부담 및 유효한 유류분 및
유류분반환청구권에 따른 부채

satzansprüchen;

3. ¹die Kosten der Bestattung des Erblassers, die Kosten für ein angemessenes Grabdenkmal, die Kosten für die übliche Grabpflege mit ihrem Kapitalwert für eine unbestimmte Dauer sowie die Kosten, die dem Erwerber unmittelbar im Zusammenhang mit der Abwicklung, Regelung oder Verteilung des Nachlasses oder mit der Erlangung des Erwerbs entstehen. ²Für diese Kosten wird insgesamt ein Betrag von 10,300 Euro ohne Nachweis abgezogen. ³Kosten für die Verwaltung des Nachlasses sind nicht abzugsfähig.

3. ¹피상속인에 대한 장례비용, 적절한 묘비를 위한 비용, 불특정 기간 동안의 통상적 묘소 관리 비용을 현재가치로 평가한 금액 및 유산의 정리, 관리, 분할과 직접 관련되거나 취득과 관련하여 취득자에게 직접 발생한 비용. ²이 비용은 10,300유로까지는 증빙이 없이 공제될 수 있다. ³유산에 관한 행정비용은 공제될 수 없다.

(6) [1]Nicht abzugsfähig sind Schulden und Lasten, soweit sie in wirtschaftlichem Zusammenhang mit Vermögensgegenständen stehen, die nicht der Besteuerung nach diesem Gesetz unterliegen. [2]Beschränkt sich die Besteuerung auf einzelne Vermögensgegenstände (§ 2 Abs. 1 Nr. 3, § 19 Abs. 2), so sind nur die damit in wirtschaftlichem Zusammenhang stehenden Schulden und Lasten abzugsfähig. [3]Schulden und Lasten, die mit teilweise befreiten Vermögensgegenständen in wirtschaftlichem Zusammenhang stehen, sind nur mit dem Betrag abzugsfähig, der dem steuerpfli-

(6) [1]이 법에 따라 과세되지 않는 자산과 경제적 관련성이 있는 채무와 부채는 공제할 수 없다. [2]개별 자산에 관하여만 과세할 수 있도록 제한되는 경우(제2조 제1항 제3호, 제19조 제2항) 그와 경제적 관련성이 있는 채무와 부채만 공제할 수 있다. [3]부분 비과세되는 자산과 경제적 관련성이 있는 채무와 부채는 과세되는 부분에 대응하는 금액만 공제할 수 있다. [4]제13a조 및 제13c조에 따라 비과세되는 재산과 경제적 연관성이 있는 채무와 부채는 제13a조 및 제13c조 적용 후 평가가액의 제13a조 및 제13c조 적용 전 평가가액에 대한 비율에 대응하는 금액만 공제할 수 있다. [5]제13d조에 따라 비과세되는 재산과 경제적 연관성이 있는 채무와 부채는 제13d조 적용 후 평가가액의 제13d조 적용 전 평가가액에 대한 비율에 대응하는 금액만 공제할 수 있다. [6]용익권

chtigen Teil entspricht. ⁴Schulden und Lasten, die mit nach den §§ 13a und 13c befreitem Vermögen in wirtschaftlichem Zusammenhang stehen, sind nur mit dem Betrag abzugsfähig, der dem Verhältnis des nach Anwendung der §§ 13a und 13c anzusetzenden Werts dieses Vermöens zu dem Wert vor Anwendung der §§ 13a und 13c entspricht. ⁵Schulden und Lasten, die mit nach § 13d befreitem Vermöen in wirtschaftlichem Zusammenhang stehen, sind nur mit dem Betrag abzugsfähig, der dem Verhältnis des nach Anwendung des § 13d anzusetzenden Werts dieses Vermöens zu dem

이 토지에 관한 부담으로서 토지 소유의 경제적 단일성에 관한 통상가격 산정 시에 영향을 미친다면 그로 인한 감액은 상속세에 관하여는 효력을 미치지 않는다.

Wert vor Anwendung des § 13d entspricht. ⁶Haben sich Nutzungsrechte als Grundstücksbelastungen bei der Ermittlung des gemeinen Werts einer wirtschaftlichen Einheit des Grundbesitzes ausgewirkt, ist deren Abzug bei der Erbschaftsteuer ausgeschlossen.

(7) In den Fällen des § 1 Abs. 1 Nr. 4 sind Leistungen an die nach der Stiftungsurkunde oder nach der Vereinssatzung Berechtigten nicht abzugsfähig.

(8) Die von dem Erwerber zu entrichtende eigene Erbschaftsteuer ist nicht abzugsfähig.

(7) 제1조 제1항 제4호의 경우 재단정관 또는 사단정관에 따른 권리자에 대한 급부는 공제할 수 없다.

(8) 취득자가 납세의무를 부담하는 상속세는 공제할 수 없다.

(9) Auflagen, die den Beschwerten selbst zugute kommen, sind nicht abzugsfähig.

(10) [1]Überträgt ein Erbe ein auf ihn von Todes wegen übergegangenes Mitgliedschaftsrecht an einer Personengesellschaft unverzüglich nach dessen Erwerb auf Grund einer im Zeitpunkt des Todes des Erblassers bestehenden Regelung im Gesellschaftsvertrag an die Mitgesellschafter und ist der Wert, der sich für seinen Anteil zur Zeit des Todes des Erblassers nach § 12 ergibt, höher als der gesellschaftsvertraglich festgelegte Abfindungsanspruch, so gehört nur

(9) 유증의무자 자신에게 이익이 되는 부담(Auflage)은 공제할 수 없다.

(10) [1]상속인이 (피상속인의) 사망으로 인하여 이전받은 인적회사의 사원권(Mitgliedschaftsrecht)을 피상속인 사망 시 유효한 회사계약에 따라 취득하자마자 즉시 다른 사원에게 양도하고, 피상속인 사망 시 제12조에 따른 지분 평가액이 회사계약에 따라 확정된 지분상환청구권(Abfindungsanspruch) 보다 클 경우에는 그 지분상환청구권만 제1항 제2문의 재산취득에 해당한다. [2]상속인이 (피상속인의) 사망으로 인하여 이전받은 유한회사의 사원권(Geschäftsanteil)을 피상속인 사망 시에 유효한 회사계약에 따라 취득하자마자 즉시 다른 사

der Abfindungsanspruch zum Vermögensanfall im Sinne des Absatzes 1 Satz 2. [2]Überträgt ein Erbe einen auf ihn von Todes wegen übergegangenen Geschäftsanteil an einer Gesellschaft mit beschränkter Haftung unverzüglich nach dessen Erwerb auf Grund einer im Zeitpunkt des Todes des Erblassers bestehenden Regelung im Gesellschaftsvertrag an die Mitgesellschafter oder wird der Geschäftsanteil auf Grund einer im Zeitpunkt des Todes des Erblassers bestehenden Regelung im Gesellschaftsvertrag von der Gesellschaft eingezogen und ist der Wert, der sich für seinen Anteil zur Zeit des Todes des Erblassers

원에게 양도하거나 그 사원권이 (피상속인의) 사망 당시 유효한 회사계약에 따라 회사로부터 환급되고, 피상속인 사망 시 제12조에 따른 지분 평가액이 회사계약에 따라 확정된 지분환급청구권(Abfindungsanspruch) 보다 클 경우에는 그 지분환급청구권만 제1항 제2문의 재산취득에 해당한다.

nach § 12 ergibt, höher als der gesellschaftsvertraglich festgelegte Abfindungsanspruch, so gehört nur der Abfindungsanspruch zum Vermögensanfall im Sinne des Absatzes 1 Satz 2.

§ 11 Bewertungsstichtag

Für die Wertermittlung ist, soweit in diesem Gesetz nichts anderes bestimmt ist, der Zeitpunkt der Entstehung der Steuer maßgebend.

§ 12 Bewertung

(1) Die Bewertung richtet sich, soweit nicht in den Absätzen 2 bis 7 etwas

제11조 평가기준일

이 법에서 달리 규정하지 않는 한, 조세가 성립한 시점이 가치평가의 기준이 된다.

제12조 평가

(1) 제2항부터 제7항까지 달리 규정하지 않는 한, 평가는 평가법(Bewertungsgesetz) 제1편(총

anderes bestimmt ist, nach den Vorschriften des Ersten Teils des Bewertungsgesetzes (Allgemeine Bewertungsvorschriften) in der Fassung der Bekanntmachung vom 1. Februar 1991 (BGBl. I S. 230), zuletzt geändert durch Artikel 2 des Gesetzes vom 24. Dezember 2008 (BGBl. I S. 3018), in der jeweils geltenden Fassung.

칙)의 규정[1991. 2. 1. 공포 (BGBl. I S. 230)되고 최종적으로는 2008. 12. 24. 법률의 제2조에 따라 개정(BGBl. I S. 3018)된 규정으로서 각각의 시기에 유효한 것)에 따른다.

(2) Anteile an Kapitalgesellschaften, für die ein Wert nach § 151 Abs. 1 Satz 1 Nr. 3 des Bewertungsgesetzes festzustellen ist, sind mit dem auf den Bewertungsstichtag (§ 11) festgestellten Wert anzusetzen.

(2) 평가법 제151조 제1항 제1문 제3호에 따른 가액이 확정되어야 하는 자본회사의 지분에 관하여는 평가기준일(제11조)에 확정된 가액으로 평가하여야 한다.

(3) Grundbesitz (§ 19 Abs. 1 des Bewertungsgesetzes) ist mit

(3) 소유부동산(평가법 제19조 제1항)은 평가법 제151조 제1항 제

dem nach § 151 Abs. 1 Satz 1 Nr. 1 des Bewertungsgesetzes auf den Bewertungsstichtag (§ 11) festgestellten Wert anzusetzen.

1문 제1호에 따라 평가기준일 (제11조)에 확정된 가액으로 평가하여야 한다.

(4) Bodenschätze, die nicht zum Betriebsvermögen gehören, werden angesetzt, wenn für sie Absetzungen für Substanzverringerung bei der Einkunftsermittlung vorzunehmen sind; sie werden mit ihren ertragsteuerlichen Werten angesetzt.

(4) 사업재산에 속하지 않는 광물은 소득계산 시 감모상각이 행해져야 하는 경우에 평가한다.

(5) Inländisches Betriebsvermögen, für das ein Wert nach § 151 Abs. 1 Satz 1 Nr. 2 des Bewertungsgesetzes festzustellen ist, ist mit dem auf den Bewertungsstichtag (§ 11) festgestellten

(5) 평가법 제151조 제1항 제1문 제2호에 따라 평가되어야 하는 국내 사업재산은 평가기준일(제11조)에 확정된 가액으로 평가하여야 한다.

Wert anzusetzen.

(6) Gehört zum Erwerb ein Anteil an Wirtschaftsgütern und Schulden, für die ein Wert nach § 151 Abs. 1 Satz 1 Nr. 4 des Bewertungsgesetzes festzustellen ist, ist der darauf entfallende Teilbetrag des auf den Bewertungsstichtag (§ 11) festgestellten Werts anzusetzen.

(7) Ausländischer Grundbesitz und ausländisches Betriebsvermögen werden nach § 31 des Bewertungsgesetzes bewertet.

§ 13 Steuerbefreiungen

(1) Steuerfrei bleiben
  1. ¹a) Hausrat einschließlich

(6) 평가법 제151조 제1항 제1문 제4호에 따라 평가되어야 하는 경제재와 채무에 관한 지분이 취득재산(Erwerb)에 속하는 경우, 평가기준일(제11조)에 확정된 가액 중 그에 상응하는 부분가액(Teilbetrag)으로 평가하여야 한다.

(7) 외국 소재 소유부동산 및 외국 소재 사업재산은 평가법 제31조에 따라 평가한다.

제13조 비과세

(1) 다음 각 호의 경우 과세하지 않는다.
  1. ¹a) 총액이 41,000유로를 초과

Wäsche und Kleidungsstücke beim Erwerb durch Personen der Steuerklasse I, soweit der Wert insgesamt 41,000 Euro nicht übersteigt,

b) andere bewegliche körperliche Gegenstände, die nicht nach Nummer 2 befreit sind, beim Erwerb durch Personen der Steuerklasse I, soweit der Wert insgesamt 12,000 Euro nicht übersteigt,

c) Hausrat einschließlich Wäsche und Kleidungsstücke und andere beweglichekörperliche Gegenstände, die nicht nach Nummer 2 befreit sind, beim Erwerb durch Personen der Steuerklassen II und III, soweit der

하지 않는 범위에서 제1조세등급(Steuerklasse I)에 속하는 자가 취득하는 속옷 및 의복류를 포함하는 일용품

b) 총액이 10,300유로를 초과하지 않는 범위에서 제2호에서 비과세하는 것을 제외하고 제1조세등급에 속하는 자가 취득한 그 밖의 유형동산

c) 총액이 10,300유로를 초과하지 않는 범위에서 제2호에서 비과세하는 것을 제외하고 제2조세등급에 속하는 자가 취득한 속옷 및 의복류를 포함하는 일용품

Wert insgesamt 12,000 Euro nicht übersteigt.

[2]Die Befreiung gilt nicht für Gegenstände, die zum land- und forstwirtschaftlichen Vermögen, zum Grundvermögen oder zum Betriebsvermögen gehören, für Zahlungsmittel, Wertpapiere, Münzen, Edelmetalle, Edelsteine und Perlen;

[2]농림업 사업재산, 부동산, 사업재산에 각 속하는 물건, 지급수단, 유가증권, 동전, 귀금속, 보석, 진주는 비과세하지 않는다.

2. Grundbesitz oder Teile von Grundbesitz, Kunstgegenstände, Kunstsammlungen, wissenschaftliche Sammlungen, Bibliotheken und Archive

2. 전부 또는 일부의 소유부동산, 예술품, 예술품컬렉션, 학문상의 컬렉션, 도서, 고문서로서

a) mit 60 Prozent ihres Werts, jedoch Grundbesitz und Teile von Grundbesitz mit 85 Prozent ihres Werts, wenn die Erhaltung dieser Gegenstände wegen

a) 예술적, 역사적, 학문적 의미로 인해 이러한 물건의 보존이 공익에 부합한다고 인정되고 연간 유지비가 통상 얻을 수 있는 수익을 초과하며 상황에 따라 적합한 범위에서

ihrer Bedeutung für Kunst, Geschichte oder Wissenschaft im öffentlichen Interesse liegt, die jährlichen Kosten in der Regel die erzielten Einnahmen übersteigen und die Gegenstände in einem den Verhältnissen entsprechenden Umfang den Zwecken der Forschung oder der Volksbildung nutzbar gemacht sind oder werden,

b) [1]in vollem Umfang, wenn die Voraussetzungen des Buchstabens a erfüllt sind und ferner

aa) der Steuerpflichtige bereit ist, die Gegenstände den geltenden Bestimmungen der Denkmalspflege zu unterstellen,

bb) die Gegenstände sich

연구 또는 국민의 교양 육성에 기여하거나 기여할 것으로 예상되는 경우에는 평가액의 60%(전부 또는 일부의 소유부동산은 80%)

b) [1]a)에 열거한 조건에 더하여 다음의 조건이 충족되는 경우에는 전액을 비과세한다.

aa) 납세의무자가 그 물건을 현행 문화재보호규정의 대상으로 하는 것이 동의할 것

bb) 그 물건이 20년 이상 가족에

seit mindestens 20 Jahren im Besitz der Familie befinden oder in ein Verzeichnis national wertvollen Kulturgutes nach § 7 Absatz 1 des Kulturgutschutzgesetzes vom 31. Juli 2016 (BGBl. I S. 1914) in der jeweils geltenden Fassung eingetragen sind. [2]Die Steuerbefreiung fällt mit Wirkung für die Vergangenheit weg, wenn die Gegenstände innerhalb von zehn Jahren nach dem Erwerb veräußert werden oder die Voraussetzungen für die Steuerbefreiung innerhalb dieses Zeitraums entfallen;

3. [1]Grundbesitz oder Teile von Grundbesitz, der für Zwecke der Volkswohlfahrt der

의해 보유되거나 각각의 시기에 유효하게 적용되는 2016년 문화재보호법(BGBl. I S. 1914) 제7조 제1항에 따라 국가중요문화재 목록에 등재될 것

[2]물건이 취득 후 10년 이내에 양도되거나 비과세의 조건이 그 기간 중에 소멸한 경우 비과세의 효과는 소급적으로 소멸한다.

3. [1]전부 또는 일부의 소유부동산으로 법률상 의무없이 일반국민의 복지를 위하여 일반의

Allgemeinheit ohne gesetzliche Verpflichtung zur Benut-
zung zugänglich gemacht ist
und dessen Erhaltung im
öffentlichen Interesse liegt,
wenn die jährlichen Kosten
in der Regel die erzielten Einnahmen übersteigen. 2Die
Steuerbefreiung fällt mit
Wirkung für die Vergangenheit weg, wenn der Grund-
besitz oder Teile des Grundbesitzes innerhalb von zehn
Jahren nach dem Erwerb
veräußert werden oder die
Voraussetzungen für die
Steuerbefreiung innerhalb
dieses Zeitraums entfallen;

4. ein Erwerb nach § 1969
   des Bürgerlichen Gesetzbuchs;
4a. ¹Zuwendungen unter
   Lebenden, mit denen ein

이용을 위해 개방되어 있고,
그 보유가 공공의 이익에 부합
하는 것으로서 연간의 유지비
가 통상 얻을 수 있는 수익을
초과하는 것. ²전부 또는 일부
소유부동산 취득 후 10년 이
내에 양도되거나 비과세의 조
건이 그 기간 중에 소멸한 경
우 비과세 효과는 소급적으로
소멸한다.

4. 독일민법 제1969조에 따른 취득

4a. ¹일방배우자가 타방배우자
   에 대하여 행한 생전증여로

Ehegatte dem anderen Ehegatten Eigentum oder Miteigentum an einem im Inland oder in einem Mitgliedstaat der Europäischen Union oder einem Staat des Europäischen Wirtschaftsraums belegenen bebauten Grundstück im Sinne des § 181 Abs. 1 Nr. 1 bis 5 des Bewertungsgesetzes verschafft, soweit darin eine Wohnung zu eigenen Wohnzwecken genutzt wird (Familienheim), oder den anderen Ehegatten von eingegangenen Verpflichtungen im Zusammenhang mit der Anschaffung oder der Herstellung des Familienheims freistellt. [2]Entsprechendes gilt, wenn ein Ehe-

서 타방배우자에게 국내, 유럽연합, 유럽경제지역에 소재하고 평가법 제181조 제1항 제1호부터 제5호까지에 규정된 거주 목적 건물(가족주거)에 관한 소유권 또는 공동소유권을 제공하거나 가족주거의 매수 또는 건축에 의하여 발생한 의무로부터 타방배우자를 면제시켜 주는 것. [2]일방배우자가 사후적으로 (부부 공동소유이거나 타방배우자의 소유인) 가족주거에 관한 생산비용 또는 유지비용을 부담하는 경우에도 그와 같다. [3]제1문, 제2문은 생활동반자 간의 생전증여에 준용한다.

gatte nachträglichen Herstellungs- oder Erhaltungsaufwand für ein Familienheim trägt, das im gemeinsamen Eigentum der Ehegatten oder im Eigentum des anderen Ehegatten steht. [3]Die Sätze 1 und 2 gelten für Zuwendungen zwischen Lebenspartnern entsprechend;

4b. [1]der Erwerb von Todes wegen des Eigentums oder Miteigentums an einem im Inland oder in einem Mitgliedstaat der Europäischen Union oder einem Staat des Europäischen Wirtschaftsraums belegenen bebauten Grundstück im Sinne des § 181 Abs. 1 Nr. 1 bis 5 des Bewertungsgesetzes

4b. [1]사망에 따라 생존 배우자 또는 생활동반자가 취득하는 국내, 유럽연합, 유럽경제 지역에 소재하고 평가법 제181조 제1항 제1호부터 제5호까지에 규정된 거주 목적 건물에 관한 소유권 또는 공동소유권으로 피상속인이 사망 시까지 자가거주 목적으로 이용했거나 불가피하게 자가거주 목적으로 이용할 수 없었고 상속인이 즉

durch den überlebenden Ehegatten oder den überlebenden Lebenspartner, soweit der Erblasser darin bis zum Erbfall eine Wohnung zu eigenen Wohnzwecken genutzt hat oder bei der er aus zwingenden Gründen an einer Selbstnutzung zu eigenen Wohnzwecken gehindert war und die beim Erwerber unverzüglich zur Selbstnutzung zu eigenen Wohnzwecken bestimmt ist (Familienheim). [2]Ein Erwerber kann die Steuerbefreiung nicht in Anspruch nehmen, soweit er das begünstigte Vermögen auf Grund einer letztwilligen Verfügung des Erblassers oder einer rechtsgeschäftlichen Verfügung des

시 자가거주 목적으로 이용하도록 결정된 것(가족주거). [2]취득자가 피상속인의 유언에 따른 처분이나 피상속인의 법률행위에 따른 처분으로 인하여 비과세 대상인 재산을 제3자에게 양도하여야 하는 경우에는 비과세를 적용할 수 없다. [3]상속인이 비과세 대상인 재산을 유산분배의 결과 공동상속인에게 양도하는 경우에도 같다. [4]상속인이 취득한 과세특례 대상 재산을 유산분배에 따라 제3자에게 양도하고 제3자가 그 대가로 그 취득자에게 비과세 대상이 아닌 재산으로서 피상속인으로부터 취득한 것을 교부하면 제3자가 취득한 과세특례 대상 재산의 가액은 그 교부한 재산 가액만큼 증액된다(다만 상속인이 양도한 재산의 가액을 상한으로 한다). [5]취득자가 취득

Erblassers auf einen Dritten übertragen muss. ³Gleiches gilt, wenn ein Erbe im Rahmen der Teilung des Nachlasses begünstigtes Vermögen auf einen Miterben überträgt. ⁴Überträgt ein Erbe erworbenes begünstigtes Vermögen im Rahmen der Teilung des Nachlasses auf einen Dritten und gibt der Dritte dabei diesem Erwerber nicht begünstigtes Vermögen hin, das er vom Erblasser erworben hat, erhöht sich insoweit der Wert des begünstigten Vermögens des Dritten um den Wert des hingegebenen Vermögens, höchstens jedoch um den Wert des über-

후 10년 이내에 가족주거를 주거 목적으로 이용하지 않게 되는 경우에는 그것이 불가피한 이유에 기한 것이 아니라면 비과세의 효력은 소급적으로 소멸한다.

tragenen Vermögens.
[5]Die Steuerbefreiung fällt mit Wirkung für die Vergangenheit weg, wenn der Erwerber das Familienheim innerhalb von zehn Jahren nach dem Erwerb nicht mehr zu Wohnzwecken selbst nutzt, es sei denn, er ist aus zwingenden Gründen an einer Selbstnutzung zu eigenen Wohnzwecken gehindert;

4c. [1]der Erwerb von Todes wegen des Eigentums oder Miteigentums an einem im Inland oder in einem Mitgliedstaat der Europäischen Union oder einem Staat des Europäischen Wirtschaftsraums belegenen bebauten Grundstück im Sinne des

4c. [1]사망에 따라 제1조세등급 제2호에 속하는 아동 및 제1조세등급 제2호에 속하였던 사망 아동의 아동이 취득하는 국내, 유럽연합, 유럽경제지역에 소재하고 평가법 제181조 제1항 제1호부터 제5호까지에 규정된 거주 목적 건물에 관한 소유권 또는 공동소유권으로 피상속인이

§ 181 Abs. 1 Nr. 1 bis 5 des Bewertungsgesetzes durch Kinder im Sinne der Steuerklasse I Nr. 2 und der Kinder verstorbener Kinder im Sinne der Steuerklasse I Nr. 2, soweit der Erblasser darin bis zum Erbfall eine Wohnung zu eigenen Wohnzwecken genutzt hat oder bei der er aus zwingenden Gründen an einer Selbstnutzung zu eigenen Wohnzwecken gehindert war, die beim Erwerber unverzüglich zur Selbstnutzung zu eigenen Wohnzwecken bestimmt ist (Familienheim) und soweit die Wohnfläche der Wohnung 200 Quadratmeter nicht übersteigt. [2]Ein Erwerber kann die Steuerbefreiung

사망 시까지 자가거주 목적으로 이용했거나 불가피하게 자가거주 목적으로 이용할 수 없었고 상속인이 즉시 자가거주 목적으로 이용하도록 결정된 것(가족주거)으로서 주거면적이 200제곱미터를 초과하지 않는 것. [2]취득자가 피상속인의 유언에 따른 처분이나 피상속인의 법률행위에 따른 처분으로 인하여 비과세 대상인 재산을 제3자에게 양도하여야 하는 경우에는 비과세를 적용할 수 없다. [3]상속인이 비과세 대상인 재산을 유산분배의 결과 공동상속인에게 양도하는 경우에도 같다. [4]상속인이 취득한 과세특례 대상 재산을 유산분배에 따라 제3자에게 양도하고 제3자가 그 대가로 그 취득자에게 비과세 대상이 아닌 재산으로서 피상속인으로부터 취득

nicht in Anspruch nehmen, soweit er das begünstigte Vermögen auf Grund einer letztwilligen Verfügung des Erblassers oder einer rechtsgeschäftlichen Verfügung des Erblassers auf einen Dritten übertragen muss. [3]Gleiches gilt, wenn ein Erbe im Rahmen der Teilung des Nachlasses begünstigtes Vermögen auf einen Miterben überträgt. [4]Überträgt ein Erbe erworbenes begünstigtes Vermögen im Rahmen der Teilung des Nachlasses auf einen Dritten und gibt der Dritte dabei diesem Erwerber nicht begünstigtes Vermögen hin, das er vom Erblasser

한 것을 교부하면 제3자가 취득한 과세특례 대상 재산의 가액은 그 교부한 재산가액만큼 증액된다(다만 상속인이 양도한 재산의 가액을 상한으로 한다). 취득자가 취득 후 10년 이내에 가족주거를 주거 목적으로 이용하지 않게 되는 경우에는 그것이 불가피한 이유에 기한 것이 아니라면 비과세의 효력은 소급적으로 소멸한다.

erworben hat, erhöht sich insoweit der Wert des begünstigten Vermögens des Dritten um den Wert des hingegebenen Vermögens, höchstens jedoch um den Wert des übertragenen Vermögens. [5]Die Steuerbefreiung fällt mit Wirkung für die Vergangenheit weg, wenn der Erwerber das Familienheim innerhalb von zehn Jahren nach dem Erwerb nicht mehr zu Wohnzwecken selbst nutzt, es sei denn, er ist aus zwingenden Gründen an einer Selbstnutzung zu eigenen Wohnzwecken gehindert;

5. [1]die Befreiung von einer

5. [1]수증자가 피상속인에 대하여

Schuld gegenüber dem Erblasser, sofern die Schuld durch Gewährung von Mitteln zum Zweck des angemessenen Unterhalts oder zur Ausbildung des Bedachten begründet worden ist oder der Erblasser die Befreiung mit Rücksicht auf die Notlage des Schuldners angeordnet hat und diese auch durch die Zuwendung nicht beseitigt wird. [2]Die Steuerbefreiung entfällt, soweit die Steuer aus der Hälfte einer neben der erlassenen Schuld dem Bedachten anfallenden Zuwendung gedeckt werden kann;

6. [1]ein Erwerb, der Eltern, Adoptiveltern, Stiefeltern oder Großeltern des Erblassers anfällt, sofern

부담하는 채무의 면제로서 그 채무가 수증자를 위한 적절한 생계비 또는 교육목적의 수단을 제공함에 따라 발생한 경우 또는 피상속인이 채무자의 생계곤란을 고려하여 채무를 면제하였으나 그럼에도 불구하고 생계곤란이 없어지지 않는 경우. 또는 한 피상속인에 대한 채무의 면제 또는 피상속인이 채무자의 생활의 곤궁을 생각하여 채무를 면제하고 면제에 의하여 생활의 곤궁이 해소되지 않는 경우. [2]다만, 채무의 면제액을 제외한 그 밖의 증여(Zuwendung)의 반액으로 조세를 충당할 수 있는 경우에는 비과세되지 않는다.

6. [1]피상속인의 부모, 양부모, 계부모 또는 조부모가 재산을 취득하는 경우로서 그 재산취득과 그 밖의 재산을 합한 금

der Erwerb zusammen mit demübrigen Vermögen des Erwerbers 41,000 Euro nicht übersteigt und der Erwerber infolge körperlicher oder geistiger Gebrechen und unter Berücksichtigung seiner bisherigen Lebensstellung als erwerbsunfähig anzusehen ist oder durch die Führung eines gemeinsamen Hausstands mit erwerbsunfähigen oder in der Ausbildung befindlichen Abkömmlingen an der Ausübung einer Erwerbstätigkeit gehindert ist. [2]Übersteigt der Wert des Erwerbs zusammen mit dem übrigen Vermögen des Erwerbers den Betrag von 41,000 Euro, wird die Steuer nur insoweit erho-

액이 41,000유로를 초과하지 않고 취득자가 신체적 또는 정신적 장애로 인해 그리고 그동안의 생활상황에 비추어 생업에 종사할 수 없을 것으로 보이는 경우 또는 생업에 종사할 수 없거나 취학 중인 직계비속과 함께 생계를 영위하기 위하여 생업에 종사할 수 없는 경우. [2]취득한 가액이 취득자의 그 밖의 재산과 합하여 41,000 유로를 초과하는 경우, 그 상한액을 초과하는 금액의 반액을 상한으로 하여 조세를 징수한다.

ben, als sie aus der Hälfte
des die Wertgrenze über-
steigenden Betrags gedeckt
werden kann;

7. Ansprüche nach den folgenden Gesetzen in der
jeweils geltenden Fassung:
a) Lastenausgleichsgesetz,
b) Flüchtlingshilfegesetz in
derFassung der Bekannt-
machung vom 15. Mai
1971 (BGBl. I S. 681), zuletzt
geändert durch Artikel 6a
des Gesetzes vom 21. Juli
2004 (BGBl. I S. 1742),
c) Allgemeines Kriegsfolgenge-
setz in der im Bundesgesetz-
blatt Teil III, Gliederungs-
nummer 653-1, veröffentli-
chten bereinigten Fassung,
zuletzt geändert durch
Artikel 127 der Verordnung
vom 31. Oktober 2006 (BGBl. I

7. 다음 각 법률의 각각의 시점에
서 유효한 규정에 따라 발생하
는 청구권
a) 부담조정법
b) 1971년 5월 15일 공포(BGBl. I
S. 681)되고 최종적으로 2004
년 7월 21자 법률 제6a조로
최종 개정된 난민구조법

c) 전후처리기본법(연방법률관보
III권, 구분번호 653-1로 공고된
수정법률로서 2006년 10월 31일
자 시행령 제127조로 최종 개정된
것)

S. 2407),

d) Gesetz zur Regelung der Verbindlichkeiten national-sozialistischer Einrichtungen und der Rechtsverhält-nisse an deren Vermögen vom 17. März 1965 (BGBl. I S. 79), zuletzt geändert durch Artikel 2 Abs. 17 des Gesetzes vom 12. August 2005 (BGBl. I S. 2354),

e) Häftlingshilfegesetz, Strafrechtliches Rehabili-tierungsgesetz sowie Bun-desvertriebenengesetz,

f) Vertriebenenzuwend-ungsgesetz vom 27. Sep-tember 1994 (BGBl. I S. 2624, 2635), zuletzt geändert durch Artikel 4 Abs. 43 des Gesetzes vom 22. Septem-ber 2005 (BGBl. I S. 2809),

g) Verwaltungsrechtliches Rehabilitierungsgesetz in

d) 1965년 3월 17일 자 국가사회주의 시기 시설의 채무 및 그 자산의 법적 관계의 규율을 위한 법률 (BGBl. I S. 79)로 2005년 8월 12일 자 법률 제2조 제17항으로 최종 개정된 것

e) 포로구호법, 형법상의 원상회복에 관한 법률 및 연방추방자법

f) 1994년 9월 27일 자 추방자지급법(BGBl. I S. 2624, 2635)으로 2005년 9월 22일 자 법률 제4조 제43항으로 최종 개정된 것(BGBl. I S. 2809)

g) 1997년 7월 1일 자로 공포된 행정법상의 원상회복에 관한

der Fassung der Bekannt-
machung vom 1. Juli 1997
(BGBl. I S. 1620), zuletzt
geändert durch Artikel 2
des Gesetzes vom 21.
August 2007 (BGBl. I S. 2118),
und

h) Berufliches Rehabilit-
ierungsgesetz in der Fas-
sung der Bekanntma-
chung vom 1. Juli 1997
(BGBl. I S. 1625), zuletzt
geändert durch Artikel 3
des Gesetzes vom 21.
August 2007 (BGBl. I S. 2118);

8. Ansprüche auf Entschädi-
gungsleistungen nach den
folgenden Gesetzen in der
jeweils geltenden Fassung:

a) Bundesentschädigungsge-
setz in der im Bundesgesetz-
blatt Teil III, Gliederungs-
nummer 251-1, veröffentli-

법률 로서 2007년 8월 21일
자 법률 제2조로 최종 개정된
것(BGBl. I S. 2118)

h) 1997년 7월 1일 자로 공포된
직업상의 원상회복에 관한 법
률 로서 2007년 8월 21일 자
법률 제3조로 최종 개정된 것
(BGBl. I S. 2118)

8. 각각의 시기에 유효하게 적용
되는 다음 법률에 따른 손해
배상청구권

a) 연방손해배상법(연방법률관보
III권, 구분번호 251-1로 공고된
수정법률로서 2007년 3월 26일
자 법률 제7조 제4항으로 최종 개

chten bereinigten Fassung, zuletzt geändert durch Artikel 7 Abs. 4 des Gesetzes vom 26. März 2007 (BGBl. I S. 358), sowie

b) Gesetz über Entschädigungen für Opfer des Nationalsozialismus im Beitrittsgebiet vom 22. April 1992 (BGBl. I S. 906);

9. ein steuerpflichtiger Erwerb bis zu 20,000 Euro, der Personen anfällt, die dem Erblasser unentgeltlich oder gegen unzureichendes Entgelt Pflege oder Unterhalt gewährt haben, soweit das Zugewendete als angemessenes Entgelt anzusehen ist;

9a. Geldzuwendungen unter Lebenden, die eine Pflegeperson für Leis-

정된 것)

b) 1992년 4월 22일 자 동독지역의 국가사회주의 시기 희생자 손해배상법(BGBl. I S. 906)

9. 피상속인에게 무상 또는 불충분한 대가를 받고 간호 또는 부양을 제공한 자가 취득하는 과세대상 취득으로서 20,000유로 이하인 것. 이 경우 취득한 것은 적절한 대가이어야 한다.

9a. 간병인이 기본적 간호 또는 가정 내 돌봄의 대가로서 피간호자로부터 받은 생전의 금

tungen zur Grundpflege oder hauswirtschaftlichen Versorgung vom Pflegebedürftigen erhält, bis zur Höhe des nach § 37 des Elften Buches Sozialgesetzbuch gewährten Pflegegeldes oder eines entsprechenden Pflegegeldes aus privaten Versicherungsverträgen nach den Vorgaben des Elften Buches Sozialgesetzbuch (private Pflegepflichtversicherung) oder einer Pauschalbeihilfe nach den Beihilfevorschriften für häusliche Pflege;

전적 증여로서 사회법전 제11권 제37조에 따른 간호수당 이하의 금액, 그에 상당한 사적 보험계약에 따른 간호수당으로 사회법전 제11권의 원칙(사적의무간호보험)에 따른 것 이하의 금액, 또는 가정간호를 위한 보조규정에 의한 정액보조금 이하의 금액

10. Vermögensgegenstände, die Eltern oder Voreltern ihren Abkömmlingen durch Schenkung oder Übergabevertrag zugewandt hatten und die an

10. 부모 또는 조부모가 그 직계비속에게 증여하거나 또는 양도계약에 의해 과거 증여하였던 자산으로, 사망에 따라 다시 부모 또는 조부모에게 귀속하게 된 것

diese Personen von Todes wegen zurückfallen;

11. der Verzicht auf die Geltendmachung des Pflichtteilsanspruchs oder des Erbersatzanspruchs;

11. 유류분청구권 또는 상속대상청구권(Erbersatzanspruch) 포기

12. Zuwendungen unter Lebenden zum Zwecke des angemessenen Unterhalts oder zur Ausbildung des Bedachten;

12. 수증자의 적절한 생계유지 또는 교육을 목적으로 하는 생전증여

13. [1]Zuwendungen an Pensions- und Unterstützungskassen im Sinne des § 5 Abs. 1 Nr. 3 des Körperschaftsteuergesetzes, wenn sie die für eine Befreiung von der Körperschaftsteuer erforderlichen Voraussetzungen erfüllen. [2]Ist eine

13. [1]독일법인세법 제5조 제1항 제3호의 규정에 따른 비과세 요건을 충족하는 연금기금 또는 지원기금(Unterstützungskasse)에 대한 증여. [2]독일법인세법 제6조의 규정에 따라 기금에 관하여 부분적으로 과세되는 경우 증여금도 그 비율에 따라 과세된다. [3]증여시점부터 10년 이내에

Kasse nach § 6 des Körperschaftsteuergesetzes teilweise steuerpflichtig, ist auch die Zuwendung im gleichen Verhältnis steuerpflichtig. ³Die Befreiung fällt mit Wirkung für die Vergangenheit weg, wenn die Voraussetzungen des § 5 Abs. 1 Nr. 3 des Körperschaftsteuergesetzes innerhalb von zehn Jahren nach der Zuwendung entfallen;

14. die üblichen Gelegenheitsgeschenke;

15. Anfälle an den Bund, ein Land oder eine inländische Gemeinde (Gemeindeverband) sowie solche Anfälle, die ausschließlich

독일법인세법 제5조 제1항 제3호에 규정 비과세 요건을 충족하지 않게 된 경우 비과세의 효과는 소급적으로 소멸한다.

14. 일상적인 비정규적 선물

15. 연방, 주 또는 국내의 게마인데(게마인데 단체) 및 전적으로 연방, 주 또는 국내의 게마인데(게마인데 단체)의 목적에 이바지하는 자산

Zwecken des Bundes, eines Landes oder einer inländischen Gemeinde (Gemeindeverband) dienen;

16. Zuwendungen

a) an inländische Religionsgesellschaften des öffentlichen Rechts oder an inländische jüdische Kultusgemeinden,

b) [1]an inlandische Korperschaften, Personenvereinigungen und Vermogensmassen, die nach der Satzung, dem Stiftungsgeschaft oder der sonstigen Verfassung und nach ihrer tatsachlichen Geschaftsfuhrung ausschließlich und unmittelbar kirchlichen, gemeinnutzigen oder mildtatigen Zwecken im Sinne der §§

16. 다음의 각 증여

a) 국내의 공법상 종교단체 또는 국내의 유대교단에 대한 증여

b) [1]정관, 기부행위 또는 그 밖의 규약의 규정에 따라 그리고 실제 운영상 전적으로 그리고 직접적으로 조세기본법 제52조부터 제54조까지에 규정된 종교적, 공익적 또는 자선적 목적에 기여하는 국내 법인, 인적 사단 및 재단에 대한 증여. [2]증여 시부터 10년 이내에 종교적, 공익적 또는 자선적 목적에 기여하는 국내 법인, 인적 사단 및 재단으로서의 인정 요건을 충족하

52 bis 54 der Abgabenord-
nung dienen. [2]Die Befreiung fallt mit Wirkung fur
die Vergangenheit weg,
wenn die Voraussetzun-
gen fur die Anerkennung
der Korperschaft, Person-
envereinigung oder Ver-
mogensmasse als kirchli-
che, gemeinnutzige oder
mildtatige Institution
innerhalb von zehn Jah-
ren nach der Zuwendung
entfallen und das Vermo-
gen nicht begunstigten
Zwecken zugefuhrt wird,

c) [1]an ausländische Religionsgesellschaften,
Körperschaften, Person-
envereinigungen und Ver-
mögensmassen der in den
Buchstaben a und b
bezeichneten Art, die
nach § 5 Absatz 1 Num-

지 않게 되고 과세특례가 인
정되는 목적에 재산이 이용되
지 않는 경우 비과세의 효과
는 소급적으로 소멸한다.

c) [1]내국소득을 얻고자 하고 징
세(Beitreibung)와 관련하여
그 소재지국의 공무상 협조
및 지원을 받는 경우로서 a)
및 b)에서 규정한 바와 같은
외국의 종교단체, 법인, 인적
사단 및 재단에 대한 증여 중
독일법인세법 제5조 제1항 제

mer 9 des Körperschaftsteuergesetzes in Verbindung mit § 5 Absatz 2 Nummer 2 zweiter Halbsatz des Körperschaftsteuergesetzes steuerbefreit wären, wenn sie inländische Einkünfte erzielen würden, und wenn durch die Staaten, in denen die Zuwendungsempfänger belegen sind, Amtshilfe und Unterstützung bei der Beitreibung geleistet werden. ²Amtshilfe ist der Auskunftsaustausch im Sinne oder entsprechend der Amtshilferichtlinie gemäß § 2 Absatz 11 des EU-Amtshilfegesetzes in der für den jeweiligen Stichtag der Steuerentstehung geltenden Fassung oder eines entsprech-

9호 및 제5조 제2항 제2호 후단에 따라 법인세가 비과세되는 것. ²공무상 협조는 각 조세채무성립일 또는 그와 유사한 후속 법적행위에 관하여 유효하게 적용되는 유럽연합 행정협력법 제2조 제11항에 따른 혹은 유럽연합 행정협력 지침 에 준하는 유럽연합 행정협력법 제2조 제11항에 따른 정보교환을 말한다. ³징세는 조세채권(조세채무성립일 또는 그와 유사한 후속 법적행위에 관하여 유효하게 적용되는 유럽연합 징세지침*에 규정되거나 그 규정에 준하는 것으로 그와 관련된 집행규정을 포함한다)을 징수할 때의 상호지원을 말한다. ⁴제1문에 규정된 과세특례 대상이 되는 수증단체의 목적이 외국에서만 유효한 경우 비과세의 요건은 주소나 거소를 이 법률이 적용되는 영역에 둔 자연인이 지원을 받거나 또는

enden Nachfolgerechtsaktes. [3]Beitreibung ist die gegenseitige Unterstützung bei der Beitreibung von Forderungen im Sinne oder entsprechend der Beitreibungsrichtlinie einschließlich der in diesem Zusammenhang anzuwendenden Durchführungsbestimmungen in den für den jeweiligen Stichtag der Steuerentstehung geltenden Fassungen oder eines entsprechenden Nachfolgerechtsaktes. [4]Werden die steuerbegünstigten Zwecke des Zuwendungsempfängers im Sinne des Satzes 1 nur im Ausland verwirklicht, ist für die Steuerbefreiung Voraussetzung, dass natürliche Personen, die

과세특례목적을 제외한 수증 단체의 활동이 독일의 명성에 기여할 수 있어야 한다는 것 이다. [5]제2문 b를 준용한다.

ihren Wohnsitz oder
ihren gewöhnlichen
Aufenthalt im Geltungs-
bereich dieses Gesetzes
haben, gefördert werden
oder dass die Tätigkeit
dieses Zuwendungsemp-
fängers neben der Ver-
wirklichung der steuerbe-
günstigten Zwecke auch
zum Ansehen der Bun-
desrepublik Deutschland
beitragen kann. [5]Buch-
stabe b Satz 2 gilt entsprechend;

譯註

* 유럽연합의 징세지침은 농업채무 및 관세에 관한 위원회지침(76/308/EEC)에 뿌리를 두고 있다. 그 후에 대상이 확대되어 위원회지침 2008/55/EC로 개정되었고 2010년 ECJ의 Milson Kyrian v Celni urad Tabor (C-233/08, 2010. 1. 14.)사건에서 회원국간의 다양한 절차의 적용가능성이 논의되었다. ECJ는 76/308/EEC지침 제12조 제3항은 피요청당국이 소재하는 회원국 재판소는 원칙적으로 집행허가문서의 집행가능성을 심사하

17. Zuwendungen, die ausschließlich kirchlichen, gemeinnützigen oder mildtätigen Zwecken gewidmet sind, sofern die Verwendung zu dem bestimmten Zweck gesichert ist;

17. 오로지 종교적, 공익적 또는 자선적인 목적을 위한 증여로, 특정의 목적에 사용될 것이 확실한 것

18. [1]Zuwendungen an
a) politische Parteien im Sinne des § 2 des Parteiengesetzes, sofern die jeweilige Partei nicht gemäß § 18 Absatz 7 des Parteiengesetzes von der staatlichen Teilfinanzierung

18. [1]다음의 각 증여
a) 정당법 제2조에 정하는 정당에 대한 증여. 다만 해당 정당은 정당법 제18조 제7항에 따라 국가의 부분적 재정지원에서 배제되지 않아야 한다.

ausgeschlossen ist,

b) Vereine ohne Parteich-
arakter, wenn

aa) der Zweck des Vereins ausschließlich darauf ger-
ichtet ist, durch Teilnahme
mit eigenen Wahlvorschlä-
gen an Wahlen auf Bun-
des-, Landes- oder Kom-
munalebene bei der
politischen Willensbildung
mitzuwirken, und

bb) der Verein auf Bundes-,
Landes- oder Kommu-
nalebene bei der jeweils
letzten Wahl wenigstens
ein Mandaterrungen
oder der zuständigen
Wahlbehörde oder dem
zuständigen Wahlorgan
angezeigt hat, dass er
mit eigenen Wahlvorschlä-
gen auf Bundes-, Landes-
oder Kommunalebene an

b) 정당의 성격이 없는 조합으로
서

aa) 조합의 목적이 전적으로 연
방, 주, 지방자치단체의 선거
에 후보자를 추천하는 방법
으로 정치적 의사형성에 참
여하는 데 있고,

bb) 연방, 주, 지방자치단체 차
원에서 최근의 각 선거에서
적어도 1 이상의 의석을 얻
었거나 또는 관할 선거기관
또는 선거기구에 차후의 연
방, 주, 또는 지방자치단체
선거에 독자적인 후보자를
추천하여 참여하겠다는 의
사를 통지한 것

der jeweils nächsten Wahl teilnehmen will.

[2]Die Steuerbefreiung fällt mit Wirkung für die Vergangenheit weg, wenn der Verein an der jeweils nächsten Wahl nach der Zuwendung nicht teilnimmt, es sei denn, dass der Verein sich ernsthaft um eine Teilnahme bemüht hat.

[2]비과세의 효과는 조합이 증여를 받은 이후에 실시되는 각 선거에 참여하지 않는 경우 소급적으로 소멸한다. 다만 조합이 선거에 참여하기 위한 진지한 노력을 기울인 경우에는 그렇지 않다.

(2) [1]Angemessen im Sinne des Absatzes 1 Nr. 5 und 12 ist eine Zuwendung, die den Vermögensverhältnissen und der Lebensstellung des Bedachten entspricht. [2]Eine dieses Maß übersteigende Zuwendung ist in vollem Umfang steuerpflichtig.

(2) [1]제1항 제5호 및 제12호에 규정한 '적절한(angemessen)'은 수증자의 재산관계 및 사회적 지위에 상응하는 따른 증여를 말한다. [2]이 정도를 초과하는 증여는 전액을 과세한다.

(3) ¹Jede Befreiungsvorschrift ist für sich anzuwenden. ²In den Fällen des Absatzes 1 Nr. 2 und 3 kann der Erwerber der Finanzbehörde bis zur Unanfechtbarkeit der Steuerfestsetzung erklären, daß er auf die Steuerbefreiung verzichtet.

(3) ¹각 비과세규정은 독립적으로 적용된다. ²제1항 제2호, 제3호의 경우 취득자는 조세채무 확정에 불복할 수 없게 되기 이전까지 과세관청에 그 비과세의 포기를 신고할 수 있다.

§ 13a Steuerbefreiung für Betriebsvermögen, Betriebe der Land- und Forstwirtschaft und Anteile an Kapitalgesellschaften

제13a조 사업재산, 농림업, 물적회사 지분에 관한 비과세*

譯註

* 제13a조 이하는 이른바 기업승계의 특례를 규정하고 있다. 현행 규정은 2014. 12. 17. 독일연방헌법재판소의 헌법불합치 판결에 따라 개정된 것이다. 그 이전의 법상황 및 위 판결의 내용에 관하여는 황남석, "중소기업승계에 관한 세법상 문제와 개선방안", 기업법연구 제29집 제4호, 2015, 52면 이하.

(1) ¹Begünstigtes Vermögen im Sinne des § 13b Absatz

(1) ¹제13b조 제2항에 따른 과세특례 대상재산은 제13b조 그

2 bleibt vorbehaltlich der folgenden Absätze zu 85 Prozent steuerfrei (Verschonungsabschlag), wenn der Erwerb begünstigten Vermögens im Sinne des § 13b Absatz 2 zuzüglich der Erwerbe im Sinne des Satzes 2 insgesamt 26 Millionen Euro nicht übersteigt. ²Bei mehreren Erwerben begünstigten Vermögens im Sinne des § 13b Absatz 2 von derselben Person innerhalb von zehn Jahren werden bei der Anwendung des Satzes 1 die früheren Erwerbe nach ihrem früheren Wert dem letzten Erwerb hinzugerechnet. ³Wird die Grenze von 26 Millionen Euro durch mehrere innerhalb von zehn Jahren von

재산에 제2문의 취득을 더한 가액이 합계 2,600만 유로를 초과하지 않는다면 다음 항들에 규정된 경우를 제외하고 그 85%를 비과세한다(특례평가 감). ²동일인으로부터 10년 이내에 제13b조 제2항에 따른 과세특례 대상재산을 다수 취득하는 경우 제1문을 적용할 때 그에 앞선 취득은 그 취득 당시의 가액으로 최후의 취득에 더한다. ³10년 이내 다수의 대상재산 취득으로 2,600만 유로의 상한을 초과하는 경우 제1문 또는 제10항에 따라 비과세로 취급되었던 앞선 취득에 관한 비과세 효과는 소급적으로 소멸한다. ⁴앞선 취득에 관한 조세 확정기한은 관할 세무서가 앞서 취득에 관한 알게 된 날로부터 4년이 경과하는 날 종료된다.

derselben Person anfallende Erwerbe überschritten, entfällt die Steuerbefreiung für die bis dahin nach Satz 1 oder Absatz 10 als steuerfrei behandelten früheren Erwerbe mit Wirkung für die Vergangenheit. [4]Die Festsetzungsfrist für die Steuer der früheren Erwerbe endet nicht vor dem Ablauf des vierten Jahres, nachdem das für die Erbschaftsteuer zuständige Finanzamt von dem letzten Erwerb Kenntnis erlangt.

(2) [1]Der nach Anwendung des Absatzes 1 verbleibende Teil des begünstigten Vermögens bleibt außer Ansatz, soweit der Wert dieses Vermögens insges-

(2) [1]제1항을 적용한 후에 남는 과세특례 재산의 가액은 그 재산의 가액이 15만 유로를 초과하지 않는 경우에는 과세 시 고려하지 않는다(추가공제). [2]15만 유로의 추가공제는 그 재산의

amt 150,000 Euro nicht übersteigt (Abzugsbetrag). [2]Der Abzugsbetrag von 150,000 Euro verringert sich, soweit der Wert dieses Vermögens insgesamt die Wertgrenze von 150,000 Euro übersteigt, um 50 Prozent des diese Wertgrenze übersteigenden Betrags. [3]Der Abzugsbetrag kann innerhalb von zehn Jahren für von derselben Person anfallende Erwerbe begünstigten Vermögens nur einmal berücksichtigt werden.

(3) [1]Voraussetzung für die Gewährung des Verschonungsabschlags nach Absatz 1 ist, dass die Summe der maßgebenden

가액이 15만 유로의 상한을 초과하는 경우 그 초과금액의 50%로 축소된다. [3]추가공제는 동일인으로부터 10년 동안에 취득한 과세특례 대상재산에 관하여 1회만 적용된다.

(3) [1]제1항에 따른 특례평가감을 인정하기 위한 요건은 취득 후 5년(보수합계기간)간 기업(인적회사나 물적회사의 지분을 보유하고 있는 경우에는 그 각 회사가 영

jährlichen Lohnsummen (Sätze 6 bis 13) des Betriebs, bei Beteiligungen an einer Personengesellschaft oder Anteilen an einer Kapitalgesellschaft des Betriebs der jeweiligen Gesellschaft innerhalb von fünf Jahren nach dem Erwerb (Lohnsummenfrist) insgesamt 400 Prozent der Ausgangslohnsumme nicht unterschreitet (Mindestlohnsumme). [2]Ausgangslohnsumme ist die durchschnittliche Lohnsumme der letzten fünf vor dem Zeitpunkt der Entstehung der Steuer (§ 9) endenden Wirtschaftsjahre. [3]Satz 1 ist nicht anzuwenden, wenn

1. die Ausgangslohnsumme 0 Euro beträgt oder

위하는 기업)의 기준 연간 보수 합계를 합한 금액이 개시보수합계(Ausgangslohnsumme)의 400%에 미달하지 않아야 한다는 것이다(최소보수합계). [2]개시보수합계는 납세의무 성립 시(제9조) 이전의 직전 5개 사업연도의 평균보수합계를 말한다. [3]제1문은 다음의 각 경우에 적용하지 않는다.

1. 개시보수총액이 0유로이거나

2. der Betrieb unter Ein-
   beziehung der in den
   Sätzen 11 bis 13 genannten
   Beteiligungen und
   Gesellschaften sowie der
   nach Maßgabe dieser
   Bestimmung anteilig ein-
   zubeziehenden Beschäft-
   igten nicht mehr als fünf
   Beschäftigte hat.

[4]An die Stelle der Mindestlohnsumme von 400 Pro-
zent tritt bei

1. mehr als fünf, aber nicht
   mehr als zehn Beschäftigten eine Mindestlohnsumme von 250 Prozent,

2. mehr als zehn, aber nicht
   mehr als 15 Beschäftigten
   eine Mindestlohnsumme
   von 300 Prozent.

[5]Unterschreitet die Summe

2. 기업의 사용인이 5명 이하인
   경우(제11문부터 제13문까지 규
   정된 지분, 회사 및 이 규정에 따라
   지분에 비례하여 포함시켜야 하는
   사용인을 고려하여)

[4]최소근로합계 400%는 다음
의 각 경우와 같이 대체할 수
있다.

1. 사용인의 수가 5명 초과 10명
   이하인 경우에는 250%

2. 사용인의 수가 10명 초과 15명
   이하인 경우에는 300%

[5]기준 연간 보수합계가 최소보

der maßgebenden jährlichen Lohnsummen die Mindestlohnsumme, vermindert sich der nach Absatz 1 zu gewährende Verschonungsabschlag mit Wirkung für die Vergangenheit in demselben prozentualen Umfang, wie die Mindestlohnsumme unterschritten wird. [6]Die Lohnsumme umfasst alle Vergütungen (Löhne und Gehälter und andere Bezüge und Vorteile), die im maßgebenden Wirtschaftsjahr an die auf den Lohn- und Gehaltslisten erfassten Beschäftigten gezahlt werden. [7]Außer Ansatz bleiben Vergütungen an solche Beschäftigte,

1. die sich im Mutterschutz

수합계에 미달하면 제1항에 따른 특례평가감은 최소보수합계에 미달하는 비율만큼 소급적으로 효력을 잃는다. [6]보수합계에는 기준 사업연도에 보수 지급대장에 등재된 사용인에게 지급되는 모든 근로의 대가(임금, 월급 그 밖의 급여, 이익)를 포함한다. [7]다음의 사용인에 대한 보수는 포함하지 않는다.

1. 2002년 7월 20일에 공포(BGBl.

im Sinne des Mutter-
schutzgesetzes in der Fassung der Bekanntma-
chung vom 20. Juni 2002
(BGBl. I S. 2318), das zuletzt
durch Artikel 6 des Gesetzes vom 23. Oktober 2012
(BGBl. I S. 2246) geändert
worden ist, befinden oder

2. die sich in einem Ausbil-
dungsverhältnis befinden
oder

3. die Krankengeld im Sinne
des § 44 des Fünften Buches
Sozialgesetzbuch – Gesetzliche Krankenversicherung –
(Artikel 1 des Gesetzes vom 20.
Dezember 1988, BGBl. I S. 2477,
2482), das zuletzt durch
Artikel 3 des Gesetzes vom
30. Mai 2016 (BGBl. I S. 1254)
geändert worden ist, bezie-

I S. 2318)되고 2012년 10월 23
일 자 법률 제6조로 최종 개정
된 모성보호법에 따른 모성보
호 상태에 있는 자

2. 시용관계에 있는 자

3. 사회법전 제5권 제44조[1988년
12월 20일 자 법률 제1조(BGBl. I
S. 2477, 2482), 2016년 5월 30일
자 법률 제3조(BGBl. I S. 1254)
에 따라 최종 개정된 것]에 규
정된 법정 의료보험의 질병보
조금을 수급하는 자

hen oder

4. die Elterngeld im Sinne des Bundeselterngeld- und Elternzeitgesetzes in der Fassung der Bekanntmachung vom 27. Januar 2015 (BGBl. I S. 33) beziehen oder

5. die nicht ausschließlich oder überwiegend in dem Betrieb tätig sind (Saisonarbeiter);

diese im Zeitpunkt der Entstehung der Steuer (§ 9) einem Betrieb zuzurechnenden Beschäftigten bleiben bei der Anzahl der Beschäftigten des Betriebs im Sinne der Sätze 3 und 4 unberücksichtigt. [8]Zu den Vergütungen zählen alle Geld- oder Sachleistungen für die von den Beschäft-

4. 2015년 1월 27일 자로 공포된 부모수당 및 육아휴직법 에 따른 부모수당을 수급하는 자

5. 그 기업에서 전속적으로 또는 주로 근무하지 않는 자(임시사용인)

위 사용인은 납세의무 성립 시(제9조)에 해당 기업에 귀속하더라도 제3문, 제4문에 따른 사용인의 수를 계산할 때에는 포함시키지 않는다. [8]사용인이 제공한 근로에 대한 모든 금전 또는 현물급부는 그 급부의 가액이 어떻게 표시되는지 그리고 정기적인지 비정기인지를 묻지 않고 보수에 포함된다. [9]임금과 월급에는 사용인이 납부

igten erbrachte Arbeit, unabhängig davon, wie diese Leistungen bezeichnet werden und ob es sich um regelmäßige oder unregelmäßige Zahlungen handelt. [9]Zu den Löhnen und Gehältern gehören alle von den Beschäftigten zu entrichtenden Sozialbeiträge, Einkommensteuern und Zuschlagsteuern auch dann, wenn sie vom Arbeitgeber einbehalten und von ihm im Namen des Beschäftigten direkt an den Sozialversicherungsträger und die Steuerbehörde abgeführt werden. [10]Zu den Löhnen und Gehältern zählen alle von den Beschäftigten empfangenen Sondervergütungen, Prämien, Gratifikationen, Abfindungen, Zuschüsse zu Lebenshaltungskosten, Familienzulagen,

의무를 부담하는 사회보험료, 소득세 및 부대세(附帶稅)가 포함된다(사용자가 그 금액을 유보하고 사용인의 명의로 직접 사회보험자 및 과세관청에 납부하는 경우에도 그렇다). [10]임금과 월급에는 특별수당, 장려금, 사례금, 보상금, 생계보조금, 가족수당, 수수료, 참석수당 및 그에 준하는 보수가 포함된다. [11]본점 또는 관리장소를 국내, 유럽연합 회원국 또는 유럽경제지역에 둔 인적회사의 지분이 직접적 간접적으로 사업재산(인적회사 및 물적회사에 관한 지분의 경우 각 회사의 사업재산)에 속하는 경우 그 인적회사의 보수합계와 사용인의 수는 인적회사에 대한 지분비율에 따라 포함되어야 한다. [12]제11문은 물적회사에 대한 지분이 25% 이상인 경우에는 물적회사의 지분에도 준용된다. [13]기업분할(Betriebspaltung)의 경우 지주회사(Besitzgesellschaft)의 보수합계와 사업회사(Betriebgesellschaft)의 사용인의 수를 합산한다.

Provisionen, Teilnehmerge-
bühren und vergleichbare
Vergütungen. [11]Gehören zum
Betriebsvermögen des
Betriebs, bei Beteiligungen
an einer Personengesells-
chaft und Anteilen an einer
Kapitalgesellschaft des
Betriebs der jeweiligen
Gesellschaft, unmittelbar
oder mittelbar Beteiligungen
an Personengesellschaften,
die ihren Sitz oder ihre
Geschäftsleitung im Inland,
in einem Mitgliedstaat der
Europäischen Union oder in
einem Staat des Europäischen
Wirtschaftsraums haben, sind
die Lohnsummen und die
Anzahl der Beschäftigten dieser Gesellschaften einzubeziehen zu dem Anteil, zu dem
die unmittelbare oder mittelbare Beteiligung besteht.

¹²Satz 11 gilt für Anteile an Kapitalgesellschaften entsprechend, wenn die unmittelbare oder mittelbare Beteiligung mehr als 25 Prozent beträgt. ¹³Im Fall einer Betriebsaufspaltung sind die Lohnsummen und die Anzahl der Beschäftigten der Besitzgesellschaft und der Betriebsgesellschaft zusammenzuzählen.

(4) ¹Das für die Bewertung der wirtschaftlichen Einheit örtlich zuständige Finanzamt im Sinne des § 152 Nummer 1 bis 3 des Bewertungsgesetzes stellt die Ausgangslohnsumme, die Anzahl der Beschäftigten und die Summe der maßgebenden jährlichen Lohnsummen gesondert fest,

(4) ¹개시보수합계, 기준 연간 보수합계와 사용인의 수치가 상속세 또는 이 규정에 따른 다른 확정과 관련성이 있는 경우 경제적 단일체의 평가에 관하여 소재지 관할 세무서(평가법 제152조 제1호부터 제3호까지)는 위 각 수치를 구분하여 확정한다. ²평가법 제11조 제1항에 따라 평가하여야 하는 물적회사 지분은 소재지 관할 세무서가

wenn diese Angaben für die Erbschaftsteuer oder eine andere Feststellung im Sinne dieser Vorschrift von Bedeutung sind. ²Bei Anteilen an Kapitalgesellschaften, die nach § 11 Absatz 1 des Bewertungsgesetzes zu bewerten sind, trifft die Feststellungen des Satzes 1 das örtlich zuständige Finanzamt entsprechend § 152 Nummer 3 des Bewertungsgesetzes. ³Die Entscheidung über die Bedeutung trifft das Finanzamt, das für die Festsetzung der Erbschaftsteuer oder die Feststellung nach § 151 Absatz 1 Satz 1 Nummer 1 bis 3 des Bewertungsgesetzes zuständig ist. ⁴§ 151 Absatz 3 und die §§ 152

평가법 제152조 제3호에 따라 평가한다. ³관련성이 있는지 여부는 상속세의 확정 또는 평가법 제151조 제1항 제1문 제1호부터 제3호까지에 따른 확정의 권한이 있는 세무서가 행한다. ⁴평가법 제151조 제3항 및 제152조부터 제156조까지의 규정은 제1문부터 제3문까지에 준용한다.

bis 156 des Bewertungsgesetzes sind auf die Sätze 1 bis 3 entsprechend anzuwenden.

(5) [1]Ein Erwerber kann den Verschonungsabschlag (Absatz 1) und den Abzugsbetrag (Absatz 2) nicht in Anspruch nehmen, soweit er begünstigtes Vermögen im Sinne des § 13b Absatz 2 auf Grund einer letztwilligen Verfügung des Erblassers oder einer rechtsgeschäftlichen Verfügung des Erblassers oder Schenkers auf einen Dritten übertragen muss. [2]Gleiches gilt, wenn ein Erbe im Rahmen der Teilung des Nachlasses begünstigtes Vermögen im Sinne des § 13b Absatz 2

(5) [1]피상속인의 유언 또는 피상속인/증여자의 법률행위에 따라 제13b조 제2항에 따른 과세특례 대상 재산을 제3자에게 양도하여야 하는 경우 취득자는 특례평가감(제1항) 및 추가공제(제2항)를 주장할 수 없다. [2]유산분배과정에서 상속인이 제13b조 제2항에 따른 과세특례 대상 재산을 공동상속인에게 양도하는 경우도 같다. [3]상속인이 취득한 제13b조 제2항에 따른 과세특례 대상 재산을 유산분배과정에서 제3자에게 양도하고 제3자가 그 대가로 그 취득자에게 상속인으로부터 취득한 과세특례 대상이 아닌 자산을 양도하면 제3자가 취득한 과세특례 대상 재산의 가액은

auf einen Miterben über-
trägt. ³Überträgt ein Erbe
erworbenes begünstigtes
Vermögen im Sinne des §
13b Absatz 2 im Rahmen
der Teilung des Nachlasses
auf einen Dritten und gibt
der Dritte dabei diesem
Erwerber nicht begün-
stigtes Vermögen hin, das
er vom Erblasser erwor-
ben hat, erhöht sich insoweit der Wert des begün-
stigten Vermögens des
Dritten um den Wert des
hingegebenen Vermögens,
höchstens jedoch um den
Wert des übertragenen
Vermögens.

(6) ¹Der Verschonungsab-
schlag (Absatz 1) und der
Abzugsbetrag (Absatz 2)
fallen nach Maßgabe des

대가로 교부한 재산가액만큼
증액된다(다만 상속인이 양도한
재산의 가액을 상한으로 한다).

(6) ¹취득자가 5년(유지기간) 이내
에 다음 중 어느 하나에 해당
하는 경우 특례평가감(제1항)
및 추가공제(제2항)는 제2문의

Satzes 2 mit Wirkung für
die Vergangenheit weg,
soweit der Erwerber innerhalb von fünf Jahren
(Behaltensfrist)

기준에 따라 소급적으로 소멸
한다.

1. [1]einen Gewerbebetrieb
oder einen Teilbetrieb,
eine Beteiligung an einer
Gesellschaft im Sinne des
§ 15 Absatz 1 Satz 1 Num-
mer 2 und Absatz 3 oder
§ 18 Absatz 4 Satz 2 des
Einkommensteuergesetz-
es, einen Anteil eines
persönlich haftenden
Gesellschafters einer
Kommanditgesellschaft
auf Aktien oder einen
Anteil daran veräußert;
als Veräußerung gilt auch
die Aufgabe des Gewerbe-
betriebs. [2]Gleiches gilt,
wenn wesentliche Betrieb-

1. [1]영업 또는 사업부문, 독일소
득세법 제15조 제1항 제1문 제
2호 및 제3항 또는 제18조 제4
항 제2문에 따른 회사 지분,
주식합자회사(KGaA: Kom-
manditgesellschaft auf
Aktien)의 무한책임사원 지분,
또는 그에 관한 지분을 양도
하는 경우. 이때 영업의 폐업
은 양도로 본다. [2]영업의 본질
적 사업기초를 양도하거나 개
인재산에 편입하거나 그 밖의
사업 외적 목적에 사용하는
때, 제13b조에 따른 사업재산
으로부터 현물출자[2006년 12
월 7일자 조직재편세법(BGBl. I S.
2782, 2791), 2015년 11월 2일
자 법률 제6조로 최종 개정된

sgrundlagen eines Gewer-
bebetriebs veräußert oder
in das Privatvermögen
überführt oder anderen
betriebsfremden Zwecken
zugeführt werden oder
wenn Anteile an einer
Kapitalgesellschaft veräußert werden, die der
Veräußerer durch eine
Sacheinlage (§ 20 Absatz 1
des Umwandlungssteuerge-
setzes vom 7. Dezember 2006
(BGBl. I S. 2782, 2791), zuletzt
geändert durch Artikel 6
des Gesetzes vom 2.
November 2015 (BGBl. I S.
1834), in der jeweils geltenden Fassung) aus dem
Betriebsvermögen im
Sinne des § 13b erworben
hat oder wenn eine Beteiligung an einer Gesellschaft
im Sinne des § 15 Absatz 1

것으로서 각각의 시기에 유효
하게 적용되는 것] 제20조 제1
항에 의해 취득된 물적회사 지
분을 양도되는 때, 또는 독일
소득세법 제15조 제1항 제1호
및 제3항 또는 제18조 제4항
제2문에 규정한 회사 지분 또
는 그 지분에 대한 지분으로
서 각 양도인이 제18b조에 따
른 사업재산을 인적회사로 출
자하는 과정(조직재편세법 제24
조 제1항)에서 취득한 것을 양
도하는 때에도 각각 동일하다.

Satz 1 Nummer 2 und Absatz 3 oder § 18 Absatz 4 Satz 2 des Einkommensteuergesetzes oder ein Anteil daran veräußert wird, den der Veräußerer durch eine Einbringung des Betriebsvermögens im Sinne des § 13b in eine Personengesellschaft (§ 24 Absatz 1 des Umwandlungssteuergesetzes) erworben hat;

2. ¹das land- und forstwirtschaftliche Vermögen im Sinne des § 168 Absatz 1 Nummer 1 des Bewertungsgesetzes und selbst bewirtschaftete Grundstücke im Sinne des § 159 des Bewertungsgesetzes veräußert. ²Gleiches gilt, wenn das land- und forstwirtschaftliche Vermögen einem Betrieb der

2. ¹평가법 제168조 제1항 제1호에 규정된 농림업 재산 및 평가법 제159조에 규정된 자경토지를 양도하는 때. ²농림업 재산이 농림업에 더 이상 사용되지 못하는 것으로 결정되거나 유지기간 중에 기존 기업이 분산토지경영(Stückländerei)*으로 평가되거나 평가법 제159조에 규정된 토지가 더 이상 자경되지 않게 되는 때에도

Land- und Forstwirtschaft nicht mehr dauernd zu dienen bestimmt ist oder wenn der bisherige Betrieb innerhalb der Behaltensfrist als Stückländerei zu qualifizieren wäre oder Grundstücke im Sinne des § 159 des Bewertungsgesetzes nicht mehr selbst bewirtschaftet werden;

각각 동일하다.

譯註

* 토지의 소유자가 농업에 사용되는 건물, 농기계 등 토지 이외의 생산에 필요한 재산을 소유하지 않는 형태의 농업을 말한다. 평가법 제34조 제7항에 규정되어 있으며 토지세 및 상속세와 관련이 되는 개념이다.

3. [1]als Inhaber eines Gewerbebetriebs, als Gesellschafter einer Gesellschaft im Sinne des § 15 Absatz 1 Satz 1 Nummer 2 und Absatz 3 oder § 18 Absatz 4 Satz 2 des Einkommen-

3. [1]영업의 소유자로서, 독일소득세법 제15조 제1항 제1문 제2호 및 제3항 또는 제18조 제4항 제2문에 규정된 회사의 사원으로서 또는 주식합자회사의 무한책임사원으로서 5년간의 기간이 종료하는 날이 속하

steuergesetzes oder als persönlich haftender Gesellschafter einer Kommanditgesellschaft auf Aktien bis zum Ende des letzten in die Fünfjahresfrist fallenden Wirtschaftsjahres Entnahmen tätigt, die die Summe seiner Einlagen und der ihm zuzurechnenden Gewinne oder Gewinnanteile seit dem Erwerb um mehr als 150,000 Euro übersteigen; Verluste bleiben unberücksichtigt. [2]Gleiches gilt für Inhaber eines begünstigten Betriebs der Land- und Forstwirtschaft oder eines Teilbetriebs oder eines Anteils an einem Betrieb der Land- und Forstwirtschaft. 3Bei Ausschüttungen an Gesellschafter einer Kapital-

는 사업연도까지 환급받은 금액이 그가 한 출자 및 그에게 귀속될 이익의 합계를 15만 유로 이상 초과하는 경우. 이때 손실은 고려하지 않는다. [2]과세특례 대상 재산인 농림업의 소유자, 사업부문의 소유자 또는 농림업 사업지분의 소유자의 경우에도 각 동일하다. 3물적회사의 사원에 대한 배당도 그에 준하여 처리한다.

gesellschaft ist sinngemäß zu verfahren;

4. ¹Anteile an Kapitalgesellschaften im Sinne des § 13b Absatz 1 Nummer 3 ganz oder teilweise veräußert; eine verdeckte Einlage der Anteile in eine Kapitalgesellschaft steht der Veräußerung der Anteile gleich. ²Gleiches gilt, wenn die Kapitalgesellschaft innerhalb der Frist aufgelöst oder ihr Nennkapital herabgesetzt wird, wenn diese wesentliche Betriebsgrundlagen veräußert und das Vermögen an die Gesellschafter verteilt wird; ³Satz 1 Nummer 1 Satz 2 gilt entsprechend;

4. ¹제13b조 제1항 제3호에 규정된 물적회사 지분을 전부 또는 일부 양도하는 경우. 지분에 관한 숨은 출자도 지분의 양도와 같이 본다. ²물적회사가 기간 중에 해산하거나 자본금을 감액하는 때, 그 본질적인 사업기초를 양도하고 사원에게 재산을 분배하는 경우에도 각각 동일하다. ³제1문 제1호 제2문은 준용한다.

5. im Fall des § 13b Absatz 1 Nummer 3 Satz 2 die Verfügungsbeschränkung oder die Stimmrechtsbündelung aufgehoben wird.

[2]Der rückwirkende Wegfall des Verschonungsabschlags beschränkt sich in den Fällen des Satzes 1 Nummer 1, 2, 4 und 5 auf den Teil, der dem Verhältnis der im Zeitpunkt der schädlichen Verfügung verbleibenden Behaltensfrist einschließlich des Jahres, in dem die Verfügung erfolgt, zur gesamten Behaltensfrist entspricht. [2]In den Fällen des Satzes 1 Nummer 1, 2 und 4 ist von einer rückwirkenden Besteuerung abzusehen, wenn der Veräußerungserlös innerhalb der jeweils nach

5. 제13b조 제1항 제3호 제2문의 경우 처분제한 또는 의결권공동행사계약이 해제된 경우

[2]제1문 제1호, 제2호, 제4호, 제5호의 경우 특례평가감의 소급적 실효는 실효사유가 되는 처분이 일어난 시점에서의 잔여 유지기간(그 처분이 일어난 해를 포함한다)의 전체 유지기간에 대한 비율에 해당하는 부분으로 제한된다. [3]제1문 제1호, 제2호, 제4호의 경우 제13b조 제1항에 따라 과세특례 대상이 되는 재산종류별로 처분수익이 잔존하는 경우 소급적으로 과세하지 않는다. [4]처분수익이 6개월 이내에 제13b조 제2항에서 규정한 과세특례 대상 재산에 속하는 대응재산에 투자된 경우에도 같다.

§ 13b Absatz 1 begünsti-
gungsfähigen Vermögen-
sart verbleibt. [4]Hiervon ist
auszugehen, wenn der
Veräußerungserlös innerh-
alb von sechs Monaten in
entsprechendes Vermögen
investiert wird, das zum
begünstigten Vermögen im
Sinne des § 13b Absatz 2
gehört.

(7) [1]Der Erwerber ist verpfli-
chtet, dem für die Erb-
schaftsteuer zuständigen
Finanzamt innerhalb
einer Frist von sechs
Monaten nach Ablauf der
Lohnsummenfrist das
Unterschreiten der Mind-
estlohnsumme (Absatz 3
Satz 1) anzuzeigen. [2]In den
Fällen des Absatzes 6 ist
der Erwerber verpflichtet,

(7) [1]취득자는 상속세 관할 세무서
에 보수합계기간 경과 후 6개
월 이내에 최소보수합계(제3항
제1문)에 미달하는 사실을 신
고하여야 한다. [2]제6항의 경우
취득자는 각각의 요건이 실현
된 후 1개월 이내에 그에 대응
하는 사실관계를 상속세 관할
세무서에 신고하여야 한다. [3]조
세 확정기한은 상속세 관할 세
무서가 최소보수합계 미달 사
실 또는 유지규정(제6항) 위반

dem für die Erbschaftsteuer zuständigen Finanzamt den entsprechenden Sachverhalt innerhalb einer Frist von einem Monat, nachdem der jeweilige Tatbestand verwirklicht wurde, anzuzeigen. [3]Die Festsetzungsfrist für die Steuer endet nicht vor dem Ablauf des vierten Jahres, nachdem das für die Erbschaftsteuer zuständige Finanzamt von dem Unterschreiten der Mindestlohnsumme (Absatz 3 Satz 1) oder dem Verstoß gegen die Behaltensregelungen (Absatz 6) Kenntnis erlangt. [4]Die Anzeige ist eine Steuererklärung im Sinne der Abgabenordnung. [5]Sie ist schriftlich abzugeben. [6]Die Anzeige hat auch

사실을 인식한 날로부터 4년이 경과한 후에야 종료한다. [4]여기서의 신고는 조세기본법에 따른 조세신고에 해당한다. [5]신고는 서면에 의하여야 한다. [6](납세자는) 납세의무성립과 무관하더라도 신고의무를 이행하여야 한다.

dann zu erfolgen, wenn
der Vorgang zu keiner Besteuerung führt.

(8) Soweit nicht inländisches
Vermögen zum begün-
stigten Vermögen im
Sinne des § 13b Absatz 2
gehört, hat der Steuerpflichtige nachzuweisen, dass
die Voraussetzungen für
eine Steuerbefreiung im
Zeitpunkt der Entstehung
der Steuer (§ 9) und während
der gesamten in den Absätzen
3 und 6 genannten Zeiträu-
me bestehen.

(9) [1]Für begünstigtes Vermögen im Sinne des § 13b
Absatz 2 wird vor Anwend-
ung des Absatzes 1 ein
Abschlag gewährt, wenn
der Gesellschaftsvertrag

(8) 내국 재산이 제13b조 제2항의
과세특례 대상 재산에 속하지
않는 경우 납세의무자는 납세
의무 성립 시(제9조) 및 제3항,
제6항의 시기에 모두 비과세
요건이 존재하였음을 입증하
여야 한다.

(9) [1]회사계약 또는 정관에 다음의
내용이 모두 규정되어 있고 그
내용이 실제의 관계와 일치하
는 경우 제13b조에 규정된 과
세특례 대상 재산은 제1항이
적용되기에 앞서 감액할 수 있

oder die Satzung Bestim-
mungen enthält, die

다.*

1. die Entnahme oder Ausschüttung auf höchstens
37.5 Prozent des um die
auf den Gewinnanteil oder
die Ausschüttungen aus
der Gesellschaft entfallenden Steuern vom Einkom-
men gekürzten Betrages
des steuerrechtlichen
Gewinns beschränken;
Entnahmen zur Beglei-
chung der auf den Gewin-
nanteil oder die Ausschüttungen aus der Gesells-
chaft entfallenden Steuern
vom Einkommen bleiben

1. 환급 또는 배당을, 과세소득
에서 이익 또는 배당에 관한
조세만큼을 뺀 금액의 최대
37.5%까지로 제한하는 내용.
이익 또는 배당에 관한 조세를
지급하기 위한 환급은 환급
또는 배당의 제한에서 고려하
지 않는다.

von der Beschränkung der Entnahme oder Ausschüttung unberücksichtigt und

2. die Verfügung über die Beteiligung an der Personengesellschaft oder den Anteil an der Kapitalgesellschaft auf Mitgesellschafter, auf Angehörige im Sinne des § 15 der Abgabenordnung oder auf eine Familienstiftung (§ 1 Absatz 1 Nummer 4) beschränken und

3. für den Fall des Ausscheidens aus der Gesellschaft eine Abfindung vorsehen, die unter dem gemeinen Wert der Beteiligung an der Personengesellschaft oder des Anteils an der

2. 인적회사 또는 물적회사 지분의 처분을 다른 사원, 조세기본법 제15조에 규정된 친족 또는 가족재단(제1조 제1항 제4호)로 제한하는 내용

3. 회사를 탈퇴하는 경우 인적회사 또는 물적회사 지분의 통상가액(gemeiner Wert) 이하로 출자를 환급하여 주는 내용

Kapitalgesellschaft liegt,

und die Bestimmungen den tatsächlichen Verhältnissen entsprechen. [2]Gelten die in Satz 1 genannten Bestimmungen nur für einen Teil des begünstigten Vermögens im Sinne des § 13b Absatz 2, ist der Abschlag nur für diesen Teil des begünstigten Vermögens zugewähren. [3]Die Höhe des Abschlags entspricht der im Gesellschaftsvertrag oder in der Satzung vorgesehenen prozentualen Minderung der Abfindung gegenüber dem gemeinen Wert (Satz 1 Nummer 3) und darf 30 Prozent nicht übersteigen. [4]Die Voraussetzungen des Satzes 1 müssen zwei Jahre vor dem Zeitpunkt der Entstehung der Steuer (§ 9) vorliegen. [5]Die Steuerbefrei-

[2]제1문의 내용이 제13b조 제2항에 규정된 과세특례 대상 재산의 일부에만 적용되는 경우 감액도 그 일부에 한하여 인정된다. [3]감액은 회사계약 또는 정관에 규정되어 있는 지분 환급액의 통상가액(gemeiner Wert) 미달액이 통상가액(제1문 제3호)에서 차지하는 비율에 따라 행하고 그 비율은 30%를 초과하여서는 안 된다. [4]제1문의 요건은 납세의무 성립 시(제9조) 2년 이전에 충족되어야 한다. [5]제1문의 요건이 납세의무 성립 시(제9조) 이후 20년 이상 유지되지 못할 경우 비과세의 효과는 소급적으로 소멸한다. 제13c조 및 제28a조는 본조의 영향을 받지 않는다. [6]제1문의 경우

ung entfällt mit Wirkung für die Vergangenheit, wenn die Voraussetzungen des Satzes 1 nicht über einen Zeitraum von 20 Jahren nach dem Zeitpunkt der Entstehung der Steuer (§ 9) eingehalten werden; die §§ 13c und 28a bleiben unberührt. [6]In den Fällen des Satzes 1

1. ist der Erwerber verpflichtet, dem für die Erbschaftsteuer zuständigen Finanzamt die Änderungen der genannten Bestimmungen oder der tatsächlichen Verhältnisse innerhalb einer Frist von einem Monat anzuzeigen,

1. 납세의무자는 위 회사계약 또는 정관의 내용 또는 실제의 관계가 변경될 경우 1개월 이내에 상속세 관할 세무서에 신고하여야 한다.

2. endet die Festsetzungsfrist für die Steuer nicht vor dem Ablauf des vierten Jahres, nachdem das für die Erbschaftsteuer zuständige Finanzamt von der Änderung einer der in Satz 1 genannten Bestimmungen oder der tatsächlichen Verhältnisse Kenntnis erlangt.

(10) ¹Der Erwerber kann unwiderruflich erklären, dass die Steuerbefreiung nach den Absätzen 1 bis 9 in Verbindung mit § 13b nach folgender Maßgabe gewährt wird:

1. In Absatz 1 Satz 1 tritt an die Stelle des Verschonungsabschlags von 85 Prozent ein Verscho-

2. 조세 확정기한은 상속세 관할 세무서가 제1문에 따른 규정 또는 실제의 관계가 변경된 사실을 인식한 날로부터 4년이 경과한 후에야 종료한다.

(10) ¹취득자는 다음의 각 호의 구분에 따라 제1항부터 제9항 및 제13b조에 의한 비과세 특례의 신고를 장래효 있는 신고로 행할 수 있다.

1. 제1항 제1문의 경우 85%의 특례평가감 대신 100%의 특례평가감을 적용한다.

nungsabschlag von 100
Prozent;

2. in Absatz 3 Satz 1 tritt an
die Stelle der Lohnsum-
menfrist von fünf Jahren
eine Lohnsummenfrist
von sieben Jahren;

2. 제3항 제1문의 경우 5년의 보
수합계기간 대신 7년의 보수
합계기간을 적용한다.

3. in Absatz 3 Satz 1 und 4
tritt an die Stelle der
Mindestlohnsumme von
400 Prozent eine Mindest-
lohnsumme von 700 Pro-
zent;

3. 제3항 제1문, 제4문의 경우
400%의 최소보수합계 대신
700%의 최소보수합계를 적
용한다.

4. in Absatz 3 Satz 4 Nummer 1 tritt an die Stelle der
Mindestlohnsumme von
250 Prozent eine Mindest-
lohnsumme von 500 Pro-
zent;

4. 제3항 제4문 제1호의 경우
250%의 최소보수합계 대신
500%의 최소보수합계를 적
용한다.

5. in Absatz 3 Satz 4 Num-

5. 제3항 제4문 제2호의 경우

mer 2 tritt an die Stelle der Mindestlohnsumme von 300 Prozent eine Mindestlohnsumme von 565 Prozent;

6. in Absatz 6 tritt an die Stelle der Behaltensfrist von fünf Jahren eine Behaltensfrist von sieben Jahren.

[2]Voraussetzung für die Gewährung der Steuerbefreiung nach Satz 1 ist, dass das begünstigungsfähige Vermögen nach § 13b Absatz 1 nicht zu mehr als 20 Prozent aus Verwaltungsvermögen nach § 13b Absatz 3 und 4 besteht. [3]Der Anteil des Verwaltungsvermögens am gemeinen Wert des Betriebs bestimmt sich nach dem Ver-

300%의 최소보수합게 대신 565%의 최소보수합계를 적용한다.

6. 제6항의 경우 5년의 유지기간 대신 7년의 유지기간을 적용한다.

[2]제1문의 비과세를 적용하기 위한 요건은 제13b조 제1항에 따른 과세특례 대상 재산 중 제13b조 제3항, 제4항에 따른 관리재산 (Verwaltungsvermögen)*이 차지하는 비중이 20%를 초과하여서는 안 된다. [3]통상가액(gemeiner Wert)에 따른 관리재산의 비율은 관리재산(제13b조 제3항, 제4항)을 구성하는 개별 경제재의 통상가액(gemeiner Wert) 합계가 기업의 통상가액합계 중에서 차지하는

hältnis der Summe der
gemeinen Werte der Einzel-
wirtschaftsgüter des Verwaltungsvermögens nach § 13b
Absatz 3 und 4 zum gemeinen
Wert des Betriebs.

비율에 의하여 산정한다.

譯註

* 관리재산은 일차적으로 위험부담 없이 수익획득에 기여하는 것으로서 일자리나 추가
적인 국민경제적 급부에는 영향을 미치지 못하는 재산을 말한다. 관리재산은 입법 목
적에 비추어 세제상의 우대조치를 받기에 적합하지 않다고 한다. 독일연방의회 입법이
유서, Drucksache 16/7918, S. 35-36.

(11) Die Absätze 1 bis 10 gelten
in den Fällen des § 1
Absatz 1 Nummer 4 ent-
sprechend.

(11) 제1항부터 제10항까지는 제1
조 제1항 제4호에 준용한다.

§ 13b Begünstigtes Vermögen

제13b조 과세특례 대상 재산

(1) Zum begünstigungsfähigen Vermögen gehören

(1) 다음 각 호의 재산은 과세특례
대상 재산에 속한다.

1. der inländische Wirtschaft-
steil des land- und forstwirt
schaftlichen Vermögens (§
168 Absatz 1 Nummer 1 des
Bewertungsgesetzes) mit Ausnahme der Stückländereien
(§ 160 Absatz 7 des Bewertungsgesetzes) und selbst
bewirtschaftete Grund-
stücke im Sinne des § 159
des Bewertungsgesetzes
sowie entsprechendes land-
und forstwirtschaftliches
Vermögen, das einer Betrieb-
sstätte in einem Mitgliedstaat der Europäischen
Union oder in einem Staat
des Europäischen Wirtscha
ftsraums dient;

2. inländisches Betriebsvermögen (§§ 95 bis 97 Absatz 1
Satz 1 des Bewertungsgesetzes)
beim Erwerb eines ganzen

1. 농림업 재산(평가법 제168조 제1
항 제1호)의 국내 재산으로서
분산토지경영(평가법 제160조
제7항) 및 자경토지(평가법 제
159조) 및 그에 상응하는 농림
업재산으로서 유럽연합 회원
국 또는 유럽경제지역 회원국
에 소재한 고정사업장에 기여
하는 것을 제외한다.

2. 기업 전체 또는 사업부문, 독
일소득세법 제15조 제1항 제1
문 제2호, 제3항, 제18조 제4
항 제2문에 따른 회사의 지분,

Gewerbebetriebs oder Teilbetriebs, einer Beteiligung
an einer Gesellschaft im
Sinne des § 15 Absatz 1
Satz 1 Nummer 2 und
Absatz 3 oder § 18 Absatz
4 Satz 2 des Einkommen-
steuergesetzes, eines
Anteils eines persönlich
haftenden Gesellschafters
einer Kommanditgesells-
chaft auf Aktien oder
Anteils daran und entsprechendes Betriebsvermö-
gen, das einer Betrieb-
sstätte in einem Mitgliedstaat der Europäischen
Union oder in einem Staat
des Europäischen
Wirtschaftsraums dient;

3. ¹Anteile an einer Kapitalgesellschaft, wenn die Kapitalgesellschaft im Zeit-

주식합자회사의 무한책임사
원 지분 또는 그 지분에 관한
지분을 취득할 경우 국내 사
업재산(평가법 제95조부터 제97
조 제1항 제1문까지) 및 그에 상
응하는 사업재산으로서 유럽
연합 회원국 또는 유럽경제지
역 회원국에 소재한 고정사업
장에 기여하는 것

3. ¹납세의무 성립 시(제9조)에 본
점 또는 관리장소가 국내, 유
럽연합 회원국 또는 유럽경제

punkt der Entstehung der Steuer(§ 9) Sitz oder Geschäftsleitung im Inland oder in einem Mitgliedstaat der Europäischen Union oder in einem Staat des Europäischen Wirtschaftsraums hat und der Erblasser oder Schenker am Nennkapital dieser Gesellschaft unmittelbar zu mehr als 25 Prozent beteiligt war (Mindestbeteiligung). [2]Ob der Erblasser oder Schenker die Mindestbeteiligung erfüllt, ist nach der Summe der dem Erblasser oder Schenker unmittelbar zuzurechnenden Anteile und der Anteile weiterer Gesellschafter zu bestimmen, wenn der Erblasser oder Schenker und die weiteren Gesellschafter unterein-

지역 회원국에 있는 물적회사의 지분으로서 피상속인 또는 증여자가 그 물적회사의 자본금을 25% 초과하여 보유하고 있는 경우(최소지분). [2]피상속인 또는 증여자가 최소지분을 충족하는지 여부를 판단할 때에는 피상속인 또는 증여자에게 직접 귀속하는 지분, 피상속인 또는 증여자와 상호 간에 지분을 통일적으로 처분하거나 그들 상호 간에만 처분할 의무를 부담하고 의결권을 그 이외의 사원에 대하여 통일적으로 행사할 의무를 부담하는 다른 사원이 보유하는 지분을 합산한다.

ander verpflichtet sind, über die Anteile nur einheitlich zu verfügen oder ausschließlich auf andere derselben Verpflichtung unterliegende Anteilseigner zu übertragen und das Stimmrecht gegenüber nichtgebundenen Gesellschaftern einheitlich auszuüben.

(2) [1]Das begünstigungsfähige Vermögen ist begünstigt, soweit sein gemeiner Wert den um das unschädliche Verwaltungsvermögen im Sinne des Absatzes 7 gekürzten Nettowert des Verwaltungsvermögens im Sinne des Absatzes 6 übersteigt (begünstigtes Vermögen). [2]Abweichend von Satz 1 ist der Wert des begünstigungsfähigen Vermö-

(2) [1]과세특례를 적용받을 수 있는 재산은 그 재산의 통상가액(gemeiner Wert)이 제7항에 규정된 과세특례 적용을 방해하지 않는 관리재산의 가액에서 제6항에 규정된 관리재산의 순가액을 뺀 금액만큼을 초과하는 경우에 과세특례를 적용받을 수 있다(과세특례 대상 재산). [2]제1문에도 불구하고 제4항에 따른 관리재산으로 제3항 제1문을 적용하기 전의 것(관리재산이 비전속적으로 그리고

gens vollständig nicht begünstigt, wenn das Verwaltungsvermögen nach Absatz 4 vor der Anwendung des Absatzes 3 Satz 1, soweit das Verwaltungsvermögen nicht ausschließlich und dauerhaft der Erfüllung von Schulden aus durch Treuhandverhältnisse abgesicherten Altersversorgungsverpflichtungen dient und dem Zugriff aller übrigen nicht aus diesen Altersversorgungsverpflichtungen unmittelbar berechtigten Gläubiger entzogen ist, sowie der Schuldenverrechnung und des Freibetrags nach Absatz 4 Nummer 5 sowie der Absätze 6 und 7 mindestens 90 Prozent des gemeinen Werts

지속적으로 신탁관계를 통해서 담보되는 양로수당지급의무의 변제에 기여하고 양로수당지급의무 이외의 의무에 대한 직접적 권리자의 책임재산에 해당하지 않는 경우)과 제4항 제5호, 제6항, 제7항에 따른 채무결산 및 공제액을 적용하기 전의 것이 과세특례 대상 재산의 통상가액의 90% 이상인 경우에는 과세특례 대상 재산의 가액 전액에 관하여 과세특례를 적용하지 않는다.

des begünstigungsfähigen Vermögens beträgt.

(3) [1]Teile des begünstigungsfähigen Vermögens, die ausschließlich und dauerhaft der Erfüllung von Schulden aus Altersversorgungsverpflichtungen dienen und dem Zugriff aller übrigen nicht aus den Altersversorgungsverpflichtungen unmittelbar berechtigten Gläubiger entzogen sind, gehören bis zur Höhe des gemeinen Werts der Schulden aus Altersversorgungsverpflichtungen nicht zum Verwaltungsvermögen im Sinne des Absatzes 4 Nummer 1 bis 5. [2]Soweit Finanzmittel und Schulden bei Anwendung von Satz 1

(3) [1]비전속적으로 그리고 지속적으로 신탁관계를 통해서 담보되는 양로수당지급의무의 변제에 기여하고 양로수당지급의무 이외의 의무에 대한 직접적 권리자의 책임재산에 해당하지 않는 과세특례 대상 재산의 일부는 양로수당지급의무의 통상가액(gemeiner Wert) 범위 내에서는 제4항 제1호부터 제5호까지 사이의 관리재산에 속하지 않는다. [2]제1문을 적용할 때 재무적 수단과 채무를 고려하지 않는 경우 재무적 수단과 채무는 제4항 제5호 및 제6항을 적용할 때 고려하지 않는다.

berücksichtigt wurden, bleiben sie bei der Anwendung
des Absatzes 4 Nummer 5
und des Absatzes 6 außer
Betracht.

(4) Zum Verwaltungsvermö-
gen gehören

1. [1]Dritten zur Nutzung über-
lassene Grundstücke,
Grundstücksteile, grund-
stücksgleiche Rechte und
Bauten. [2]Eine Nutzung-
süberlassung an Dritte ist
nicht anzunehmen, wenn

a) der Erblasser oder Schenker sowohl im überlas-
senden Betrieb als auch
im nutzenden Betrieb
allein oder zusammen
mit anderen Gesells-
chaftern einen einheitli-
chen geschäftlichen Betä-

(4) 다음 각 호의 재산은 관리재산
에 해당한다.

1. [1]제3자가 이용할 수 있도록 제
공된 토지의 전부 또는 일부, 토
지와 동등한 권리 및 건물. [2]다
음의 각 경우에는 제3자에게
이용을 허락할 수 없다.

a) 피상속인 또는 증여자는 사
용 허락하는 기업뿐만 아니
라 이용하는 기업에서 단독
으로 혹은 다른 사원과 함께
통일적인 업무상 활동을 관
철할 수 있었거나 독일소득세
법 제15조 제1항 제1문 제2호
및 제3항 또는 제18조 제4항

tigungswillen durch-
setzen konnte oder als
Gesellschafter einer
Gesellschaft im Sinne des
§ 15 Absatz 1 Satz 1
Nummer 2 und Absatz 3
oder § 18 Absatz 4 des
Einkommensteuergesetz-
es den Vermögensgegen-
stand der Gesellschaft zur
Nutzung überlassen
hatte, und diese Rechtss-
tellung auf den Erwerber
übergegangen ist, soweit
keine Nutzungsüberlas-
sung an einen weiteren
Dritten erfolgt;

b) [1]die Nutzungsüberlassung im Rahmen der Ver-
pachtung eines ganzen
Betriebs erfolgt, welche
beim Verpächter zu
Einkünften nach § 2
Absatz 1 Satz 1 Nummer 2

에서 규정하는 회사의 사원
으로서 회사의 자산을 이용
하도록 허락하였고 그 법적
지위가 취득자에게 이전되며
그 이외의 제3자에게 이용을
허락하지 않는 경우

b) [1]사업의 전부에 관하여 이용
을 허락한 경우로서 그로 인
한 임대인의 소득이 독일소득
세법 제2조 제1항 제1문 제2
호, 제3호에 규정된 소득에
해당하고

und 3 des Einkommen-
steuergesetzes führt und

aa) der Verpächter des
Betriebs im Zusammen-
hang mit einer unbefris-
teten Verpachtung den
Pächter durch eine letz-
twillige Verfügung oder
eine rechtsgeschäftliche
Verfügung als Erben
eingesetzt hat oder

bb) die Verpachtung an
einen Dritten erfolgt,
weil der Beschenkte im
Zeitpunkt der Entste-
hung der Steuer (§ 9)
den Betrieb noch nicht
führen kann, und die
Verpachtung auf höch-
stens zehn Jahre befris-
tet ist; hat der Beschenkte das 18. Lebensjahr
noch nicht vollendet,
beginnt die Frist mit der

aa) 기업의 임대인이 무기한 임
대차와 관련하여 유언 또는
법률행위에 따른 처분을 통
해 임차인을 상속인으로 지
정하였거나

bb) 수증자가 납세의무 성립 시
(제9조)에 아직 기업을 영위
할 수 없기 때문에 제3자에
게 임대를 하고 그 임대차의
기간이 10년 이하인 경우.
수증자의 나이가 만 18세를
초과하지 않은 경우 그 기간
은 만 18세의 마지막 날이
경과함과 동시에 기산한다.

Vollendung des 18. Leb-
ensjahres.

[2]Dies gilt nicht für verpachtete Betriebe, soweit
sie vor ihrer Verpachtung
die Voraussetzungen als
begünstigtes Vermögen
nach Absatz 2 nicht erfüllt
haben und für verpachtete
Betriebe, deren Haupt-
zweck in der Überlassung
von Grundstücken, Grund-
stücksteilen, grundstücksgleichen Rechten und
Bauten an Dritte zur Nut-
zung besteht, die nicht
unter Buchstabe d fallen;

c) sowohl der überlassende
Betrieb als auch der
nutzende Betrieb zu einem
Konzern im Sinne des §
4h des Einkommensteu-
ergesetzes gehören, soweit
keine Nutzungsüberlas-

[2]그러나 임대한 기업으로서 임대 이전에 제2항에 따른 과세특례 대상 재산의 요건을 충족하지 못하였고 주된 목적이 토지의 전부 또는 일부, 토지와 동등한 권리 및 건물의 임대인 기업으로 d)에 속하지 않는 것에 관하여는 그렇지 않다.

c) 사용 허락하는 기업뿐만 아니라 이용하는 기업으로서 독일소득세법 제4h조에서 규정하는 콘체른에 속하는 것으로서 제3자에게 임대한 것이 아닌 것

sung an einen weiteren
Dritten erfolgt;

d) die überlassenen Grundstücke, Grundstücksteile,
grundstücksgleichen Rechte
und Bauten zum Betrieb-
svermögen, zum gesa-
mthänderisch gebundenen
Betriebsvermögen einer
Personengesellschaft oder
zum Vermögen einer Kapi-
talgesellschaft gehören und
der Hauptzweck des
Betriebs in der Vermietung
von Wohnungen im Sinne
des § 181 Absatz 9 des Bewertungsgesetzes besteht,
dessen Erfüllung einen
wirtschaftlichen Geschäfts-
betrieb (§ 14 der Abgabenordnung) erfordert;

e) die Grundstücke, Grundstücksteile, grundstücks-
gleichen Rechte und Baut-

d) 토지의 전부 또는 일부, 토지
와 동등한 권리 및 건물이 사
업재산, 인적회사의 합수적(合
手的)으로 구속된 사업재산 또
는 물적회사의 재산에 속하고
기업의 주된 목적이 평가법 제
181조 제9항에 규정된 주거를
임대하는 데 있는 경우(주된
목적이 달성되려면 조세기본법 제
14조에 규정된 경제활동을 행하
여야 하는 경우)

e) 토지의 전부 또는 일부, 토지
와 동등한 권리 및 건물이 주
로 공급계약에 따라 자가생

en vorrangig überlassen werden, um im Rahmen von Lieferungsverträgen dem Absatz von eigenen Erzeugnissen und Produkten zu dienen;

f) die Grundstücke, Grundstücksteile, grundstücksgleichen Rechte und Bauten an Dritte zur land- und forstwirtschaftlichen Nutzung überlassen werden;

2. [1]Anteile an Kapitalgesellschaften, wenn die unmittelbare Beteiligung am Nennkapital dieser Gesellschaften 25 Prozent oder weniger beträgt und sie nicht dem Hauptzweck des Gewerbebetriebs eines Kreditinstitutes oder eines Finanzdienstleis-

산 또는 자가제조한 물건의 판매에 이용되는 경우

f) 농림업 이용에 사용 허락된 토지의 전부 또는 일부, 토지와 동등한 권리 및 건물의 경우

2. [1]물적회사에 관한 직접 지분으로서 지분율은 25% 이하이고 그 물적회사는 1998년 9월 9일자 금융업법(BGBl. I S. 2776, 2016년 5월 10일 자 법률 제14조로 최종 개정된 것 BGBl. I S. 1142) 제1조 및 제1a조에 규정된 금융기관 또는 금융서비스기관 또는 2015년 4월 1일 자 보험업감독법(BGBl. I S. 434,

tungsinstitutes im Sinne des § 1 Absatz 1 und 1a des Kreditwesengesetzes in der Fassung der Bekanntmachung vom 9. September 1998 (BGBl. I S. 2776), das zuletzt durch Artikel 14 des Gesetzes vom 10. Mai 2016 (BGBl. I S. 1142) geändert worden ist, oder eines Versicherungsunternehmens, das der Aufsicht nach § 1 Absatz 1 Nummer 1 des Versicherungsaufsichtsgesetzes in der Fassung der Bekanntmachung vom 1. April 2015 (BGBl. I S. 434), das zuletzt durch Artikel 13 des Gesetzes vom 10. Mai 2016 (BGBl. I S. 1142) geändert worden ist, unterliegt, zuzurechnen sind. ²Ob diese Grenze unterschritten wird, ist nach der

2016년 5월 10일 자 법률 제13조로 최종 개정된 것 BGBl. I S. 1142) 제1조 제1항 제1호에 따른 감독을 받는 보험회사의 영업을 주된 목적으로 하지 않아야 한다. 2이 한도에 미달하는지 여부는 사업에 직접적으로 귀속하는 지분과, 상호 간에 지분의 처분을 통일적으로 하거나 그와 동일한 의무를 부담하는 사원에게만 양도하는 의무를 부담하며 그와 같은 관계에 있지 않은 다른 사원에 대한 관계에서 의결권을 통일적으로 행사하여야 하는 의무를 부담하는 다른 사원의 지분을 합산하여 결정한다.

Summe der dem Betrieb unmittelbar zuzurechnenden Anteile und der Anteile weiterer Gesellschafter zu bestimmen, wenn die Gesellschafter untereinander verpflichtet sind, über die Anteile nur einheitlich zu verfügen oder sie ausschließlich auf andere derselben Verpflichtung unterliegende Anteilseigner zu übertragen und das Stimmrecht gegenüber nichtgebundenen Gesellschaftern nur einheitlich auszuüben;

3. Kunstgegenstände, Kunstsammlungen, wissenschaftliche Sammlungen, Bibliotheken und Archive, Münzen, Edelmetalle und Edelsteine, Briefmarkensammlungen, Oldtimer,

3. 예술품, 문화재, 학술적 수집물, 서적 및 문서, 동전, 귀금속, 보석, 우표수집물, 중고차, 요트, 행글라이더 및 그 밖에 전형적으로 개인생활 영위에 기여하는 대상으로서 그 대상물을 제조, 가공 또는 제3자

Yachten, Segelflugzeuge sowie sonstige typischerweise der privaten Lebensführung dienende Gegenstände, wenn der Handel mit diesen Gegenständen, deren Herstellung oder Verarbeitung oder die entgeltliche Nutzungsüberlassung an Dritte nicht der Hauptzweck des Betriebs ist;

에게 유상으로 사용 허락하는 행위가 그 기업의 주된 목적이 아니어야 한다.

4. Wertpapiere sowie vergleichbare Forderungen, wenn sie nicht dem Hauptzweck des Gewerbebetriebs eines Kreditinstitutes oder eines Finanzdienstleistungsinstitutes im Sinne des § 1 Absatz 1 und 1a des Kreditwesengesetzes in der Fassung der Bekanntmachung vom 9.

4. 유가증권 및 그와 유사한 채권으로서 1998년 9월 9일 자 금융업법(BGBl. I S. 2776, 2016년 5월 10일자 법률 제14조로 최종 개정된 것 BGBl. I S. 1142) 제1조 및 제1a조에 규정된 금융기관 또는 금융서비스기관 또는 2015년 4월 1일 자 보험업감독법(BGBl. I S. 434, 2016년 5월 10일 자 법률 제13조로 최종 개정된 것 BGBl. I S. 1142) 제1조 제1항

September 1998 (BGBl. I S. 2776), das zuletzt durch Artikel 14 des Gesetzes vom 10. Mai 2016 (BGBl. I S. 1142) geändert worden ist, oder eines Versicherungsunternehmens, das der Aufsicht nach § 1 Absatz 1 Nummer 1 des Versicherungsaufsichtsgesetzes in der Fassung der Bekanntmachung vom 1. April 2015 (BGBl. I S. 434), das zuletzt durch Artikel 13 des Gesetzes vom 10. Mai 2016 (BGBl. I S. 1142) geändert worden ist, unterliegt, zuzurechnen sind;

5. [1]der gemeine Wert des nach Abzug des gemeinen Werts der Schulden verbleibenden Bestands an Zahlungsmitteln,

제1호에 따른 감독을 받는 보험회사의 주된 영업상 목적이 아니어야 한다.

5. [1]채무의 통상가액(gemeiner Wert)을 뺀 후에 남은 지급수단, 대변잔고, 금전채권 및 그 밖의 채권의 통상가액(금융수단)으로서 그 통상가액은 기업

Geschäftsguthaben, Geldforderungen und anderen Forderungen (Finanzmittel), soweit er 15 Prozent des anzusetzenden Werts des Betriebsvermögens des Betriebs oder der Gesellschaft übersteigt. [2]Der gemeine Wert der Finanzmittel ist um den positiven Saldo der eingelegten und der entnommenen Finanzmittel zu verringern, welche dem Betrieb im Zeitpunkt der Entstehung der Steuer (§ 9) weniger als zwei Jahre zuzurechnen waren (junge Finanzmittel); junge Finanzmittel sind Verwaltungsvermögen. [3]Satz 1 gilt nicht, wenn die genannten Wirtschaftsgüter dem Hauptzweck des Gewerbe-

또는 회사의 사업재산의 평가대상 가액의 15%를 초과하여야 한다. [2]납세의무 성립일(제9조)로부터 2년 이내에 기업에 귀속된 금융수단(최근 금융수단)의 통상가액(gemeiner Wert)은 출자 환급된 금융수단의 차변잔고만큼 감액되어야 한다. 최근 금융수단은 관리재산이다. [3]앞서 언급한 경제재가 1998년 9월 9일 자 금융업법(BGBl. I S. 2776, 2016년 5월 10일 자 법률 제14조로 최종 개정된 것 BGBl. I S. 1142) 제1조 및 제1a조에 규정된 금융기관 또는 금융서비스기관 또는 2015년 4월 1일 자 보험업감독법(BGBl. I S. 434, 2016년 5월 10일 자 법률 제13조로 최종 개정된 것 BGBl. I S. 1142) 제1조 제1항 제1호에 따른 감독을 받는 보험회사의 주된 영업상 목적일 경우 제1문은 적용되지 않는다. [4]15%의 비율을 적용하려

betriebs eines Kreditinstitutes oder eines Finanzdienstleistungsinstitutes im
Sinne des § 1 Absatz 1
und 1a des Kreditwesenge-
setzes in der Fassung der
Bekanntmachung vom 9.
September 1998 (BGBl. I S.
2776), das zuletzt durch
Artikel 14 des Gesetzes
vom 10. Mai 2016 (BGBl. I S.
1142) geändert worden ist,
oder eines Versicherung-
sunternehmens, das der
Aufsicht nach § 1 Absatz
1 Nummer 1 des Versicherungsaufsichtsgesetzes in der
Fassung der Bekanntma-
chung vom 1. April 2015
(BGBl. I S. 434), das zuletzt
durch Artikel 13 des
Gesetzes vom 10. Mai 2016
(BGBl. I S. 1142) geändert
worden ist, unterliegt,

면 제1항에 규정된 과세특례
대상 재산이 되는 기업 또는
종속회사의 재산이 그 주된
목적에 따라 독일소득세법 제
13조 제1항, 제15조 제1항 제1
문 제1호, 제18조 제1항 제1
호, 제2호에 규정된 활동에 기
여하여야 한다. [5]제4문의 요건
은 독일소득세법 제13조 제7
항, 제15조 제1항 제1문 제2호
또는 제18조 제4항 제2문에
규정된 회사가 활동을 영위하
는 경우에도 충족된 것으로
한다.

zuzurechnen sind. [4]Voraussetzung für die Anwendung des Prozentsatzes von 15 Prozent des Satzes 1 ist, dass das nach Absatz 1 begünstigungsfähige Vermögen des Betriebs oder der nachgeordneten Gesellschaften nach seinem Hauptzweck einer Tätigkeit im Sinne des § 13 Absatz 1, des § 15 Absatz 1 Satz 1 Nummer 1, des § 18 Absatz 1 Nummer 1 und 2 des Einkommensteuergesetzes dient. [5]Die Voraussetzungen des Satzes 4 sind auch erfüllt, wenn die Tätigkeit durch Gesellschaften im Sinne des § 13 Absatz 7, des § 15 Absatz 1 Satz 1 Nummer 2 oder des § 18 Absatz 4 Satz 2 des

Einkommensteuergesetzes
ausgeübt wird.

(5) [1]Beim Erwerb von Todes
wegen entfällt die Zurechnung von Vermögensge-
genständen zum Verwal-
tungsvermögen im Sinne
des Absatzes 4 Nummer 1
bis 5 rückwirkend zum
Zeitpunkt der Entstehung
der Steuer (§ 9), wenn der
Erwerber innerhalb von
zwei Jahren ab dem Zeit-
punkt der Entstehung der
Steuer (§ 9) diese Vermö-
gensgegenstände in Ver-
mögensgegenstände inner-
halb des vom Erblasser
erworbenen, begünsti-
gungsfähigen Vermögens
im Sinne des Absatzes 1
investiert hat, die unmittelbar einer Tätigkeit im

(5) [1]사망을 원인으로 하는 재산취
득의 경우, 취득자가 자산을
피상속인이 취득한 제1항에 규
정된 과세특례 대상 재산에 속
하는 자산으로서 독일소득세
법 제13조 제1항, 제15조 제1
항 제1문 제1호 또는 제18조
제1항 제1호, 제2호에 규정된
활동에 기여하며 관리재산이
아닌 것에 투자하였다면 제4
항 제1호부터 제5호까지에 규
정된 관리재산에 귀속된 자산
은 납세의무 성립 시(제9조)로
소급하여 그 귀속의 효과가 소
멸한다. [2]제1문의 요건은 그 투
자가 납세의무 성립 시(제9조)
미리 설계되어 있는 피상속인
의 계획에 따라 이루어지고 관
리재산의 교체가 없었거나 없
을 것이다. [3]사망을 원인으로
하는 재산취득의 경우, 취득자

Sinne von § 13 Absatz 1, § 15 Absatz 1 Satz 1 Nummer 1 oder § 18 Absatz 1 Nummer 1 und 2 des Einkommensteuergesetzes dienen und kein Verwaltungsvermögen sind. ²Voraussetzung hierfür ist, dass die Investition auf Grund eines im Zeitpunkt der Entstehung der Steuer (§ 9) vorgefassten Plans des Erblassers erfolgt und keine anderweitige Ersatzbeschaffung von Verwaltungsvermögen vorgenommen wird oder wurde. ³Beim Erwerb von Todes wegen entfällt die Zurechnung von Finanzmitteln zum Verwaltungsvermögen im Sinne des Absatzes 4 Nummer 5 Satz 1 rückwirkend zum Zeitpunkt

가 납세의무 성립 시(제9조)로부터 2년 이내에 금융수단을 계절적으로 반복되는 수익변동 때문에 보수를 지급하기 위하여 사용한다면 제4항 제5호 제1문에 규정된 관리재산에 귀속된 금융수단은 납세의무 성립 시(제9조)로 소급하여 그 귀속의 효과가 소멸한다. ⁴제2문을 준용한다. ⁵취득자는 제1문부터 제4문까지의 요건의 존재에 관하여 입증하여야 한다.

der Entstehung der Steuer (§ 9), soweit der Erwerber diese Finanzmittel innerhalb von zwei Jahren ab dem Zeitpunkt der Entstehung der Steuer (§ 9) verwendet, um bei auf Grund wiederkehrender saisonaler Schwankungen fehlenden Einnahmen die Vergütungen im Sinne des § 13a Absatz 3 Satz 6 bis 10 zu zahlen. [4]Satz 2 gilt entsprechend. [5]Der Erwerber hat das Vorliegen der Voraussetzungen der Sätze 1 bis 4 nachzuweisen.

(6) [1]Der Nettowert des Verwaltungsvermögens ergibt sich durch Kürzung des gemeinen Werts des Verwaltungsvermögens um den nach Anwendung der

(6) [1]관리재산의 순가액(Nettowert)은 관리재산의 통상가액 (gemeiner Wert)에서 제3항, 제4항을 적용한 후에 남는 (지분율에 따른) 채무액을 빼서 결정한다. [2]제1문에 규정되어 있

Absätze 3 und 4 verbleibend-
en anteiligen gemeinen
Wert der Schulden. [2]Die
anteiligen Schulden nach
Satz 1 bestimmen sich
nach dem Verhältnis des
gemeinen Werts des Ver-
waltungsvermögens zum
gemeinen Wert des
Betriebsvermögens des
Betriebs oder der Gesellschaft zuzüglich der nach
Anwendung der Absätze 3
und 4 verbleibenden
Schulden.

(7) [1]Der Nettowert des Verwaltungsvermögens wird
vorbehaltlich des Satzes 2
wie begünstigtes Vermö-
gen behandelt, soweit er 10
Prozent des um den Net-
towert des Verwaltungs-
vermögens gekürzten

는 지분율에 따른 채무액은
관리재산의 통상가액이, 기업
또는 회사의 사업재산 통상가
액에 제3항, 제4항의 잔존 채
무액을 더한 금액에 대한 비율
로 결정된다.

(7) [1]관리재산은, 제2문의 경우를
제외하고, 관리재산의 순가액
을 뺀 사업재산의 통상가액
(gemeiner Wert) 10%를 초과
하지 않는 경우에 과세특례 대
상 재산으로 취급한다(무해한
관리재산). [2]납세의무 성립 시
(제9조)에 기업에 귀속된 기간

gemeinen Werts des Betriebsvermögens nicht übersteigt(unschädliches Verwaltungsvermögen). ²Verwaltungsvermögen, das dem Betrieb im Zeitpunkt der Entstehung der Steuer (§ 9) weniger als zwei Jahre zuzurechnen war (junges Verwaltungsvermögen), und junge Finanzmittel im Sinne des Absatzes 4 Nummer 5 Satz 2 sind kein unschädliches Verwaltungsvermögen.

(8) ¹Eine Saldierung mit Schulden nach Absatz 6 findet für junge Finanzmittel im Sinne des Absatzes 4 Nummer 5 Satz 2 und junges Verwaltungsvermögen im Sinne des Absatzes 7 Satz 2 nicht

이 2년 미만인 관리재산(최근 관리재산)과 제4항 제5호 제2문에 규정된 최근 금융수단은 무해한 관리재산이 아니다.

(8) ¹제4항 제5호 제2문에 따른 최근 금융수단과 제7항 제2문에 규정된 최근 관리재산의 경우 제6항에 따라 채무액과 정산할 수 없다. ²경제적으로 구속력이 없는 채무 등의 경우 채무액의 합계가 납세의무 성립시(제9조) 이전 최근 3년간의 평

statt. [2]Eine Verrechnung von Schulden mit Verwaltungsvermögen ist bei wirtschaftlich nicht belastenden Schulden und darüber hinaus ausgeschlossen, soweit die Summe der Schulden den durchschnittlichen Schuldenstand der letzten drei Jahre vor dem Zeitpunkt der Entstehung der Steuer (§ 9) übersteigt; dies gilt nicht, soweit die Erhöhung des Schuldenstands durch die Betriebstätigkeit veranlasst ist. [3]Als Nettowert des Verwaltungsvermögens ist mindestens der gemeine Wert des jungen Verwaltungsvermögens und der jungen Finanzmittel anzusetzen.

균채무액을 초과하는 경우 이를 공제할 수 없다. 사업활동으로 인하여 채무잔고가 증가하는 경우에는 그렇지 않다. [3]관리재산의 순가액은 최소한 최근 관리재산 및 최근 금융재산의 통상가액(gemeiner Wert) 이상이어야 한다.

(9) ¹Gehören zum begünstigungsfähigen Vermögen im Sinne des Absatzes 1 Nummer 2 und 3 unmittelbar oder mittelbar Beteiligungen an Personengesellschaften oder Beteiligungen an entsprechenden Gesellschaften mit Sitz oder Geschäftsleitung im Ausland oder unmittelbar oder mittelbar Anteile an Kapitalgesellschaften oder Anteile an entsprechenden Kapitalgesellschaften mit Sitz oder Geschäftsleitung im Ausland, sind bei der Anwendung der Absätze 2 bis 8 anstelle der Beteiligungen oder Anteile die gemeinen Werte der diesen Gesellschaften zuzurechnenden Vermögensgegenstände nach

(9) ¹국외에 본점이나 관리장소를 둔 인적회사 또는 그에 준하는 회사에 관한 직접 간접의 지분 또는 국외에 본점이나 관리장소를 둔 물적회사 또는 그에 준하는 회사에 관한 직접 간접의 지분이 제1항 제2호, 제3호에 규정된 과세특례 대상 재산에 속하는 경우 제2항부터 제8항까지를 적용할 때에는 지분의 가액을 대신하여 그 회사에 속하는 자산의 통상가액(제2문부터 제5문)을 적용한다. ²직접 간접으로 보유하는 금융수단(제4항 제1호부터 제4호까지의 관리재산인 자산과 부채)은 각각 집계하여야 한다(결합재무상태표 Verbundvermögensaufstellung). 최근 금융수단 및 최근 관리재산은 분리하여 표시하여야 한다. ³결합재무상태표상 회사 간의 채권과 부채가 상호 간 또는 양도 기업 또는 양도 회사에 대하여 대응하는 관계

Maßgabe der Sätze 2 bis 5 mit dem Anteil einzubeziehen, zu dem die unmittelbare oder mittelbare Beteiligung besteht. [2]Die unmittelbar oder mittelbar gehaltenen Finanzmittel, die Vermögensgegenstände des Verwaltungsvermögens im Sinne des Absatzes 4 Nummer 1 bis 4 sowie die Schulden sind jeweils zusammenzufassen (Verbundvermögensaufstellung); junge Finanzmittel und junges Verwaltungsvermögen sind gesondert aufzuführen. [3]Soweit sich in der Verbundvermögensaufstellung Forderungen und Verbindlichkeiten zwischen den Gesellschaften untereinander oder im Verhältnis

에 있으면 이를 평가하지 않는다. [4]제4항 제5문, 제6항부터 제8항까지는 결합재무상태표상의 가액에 적용된다. [5]제1문부터 제4문까지는 제4항 제2호에 규정된 지분 및 경제적으로 구속력이 없는 채무에 관하여는 적용되지 않는다. 이러한 지분은 관리재산으로 평가한다.

zu dem übertragenen Betrieb oder der übertragenen Gesellschaft gegenüberstehen, sind diese nicht anzusetzen. [4]Absatz 4 Nummer 5 und die Absätze 6 bis 8 sind auf die Werte in der Verbundvermögensaufstellung anzuwenden. [5]Die Sätze 1 bis 4 sind auf Anteile im Sinne von Absatz 4 Nummer 2 sowie auf wirtschaftlich nicht belastende Schulden nicht anzuwenden; diese Anteile sind als Verwaltungsvermögen anzusetzen.

(10) [1]Das für die Bewertung der wirtschaftlichen Einheit örtlich zuständige Finanzamt im Sinne des § 152 Nummer 1 bis 3 des Bewertungsgesetzes stellt

(10) [1]상속세 또는 이 규정에 따른 다른 확정과 관련성이 있는 경우, 경제적 단일체의 평가에 관한 소재지 관할 세무서(평가법 제152조 제1호부터 제3호까지)는 제4항 제5호 제1문에

die Summen der gemeinen Werte der Finanzmittel im Sinne des Absatzes 4 Nummer 5 Satz 1, der jungen Finanzmittel im Sinne des Absatzes 4 Nummer 5 Satz 2, der Vermögensgegenstände des Verwaltungsvermögens im Sinne des Absatzes 4 Nummer 1 bis 4, der Schulden und des jungen Verwaltungsvermögens im Sinne des Absatzes 7 Satz 2 gesondert fest, wenn und soweit diese Werte für die Erbschaftsteuer oder eine andere Feststellung im Sinne dieser Vorschrift von Bedeutung sind. ²Dies gilt entsprechend, wenn nur ein Anteil am Betriebsvermögen im Sinne des

규정된 금융수단, 제4항 제1문부터 제4문까지에 규정된 최근 금융수단, 제4항 제1문부터 제4문까지에 규정된 관리재산의 자산, 채무 및 제7항 제2문에 규정된 최근 관리재산의 각 통상가액(gemeiner Wert)을 구분하여 확정한다. ²제1항 제2문에 규정된 사업재산의 일부가 이전되는 경우에도 제1문을 준용한다. ³관련성이 있는지 여부의 결정은 상속세 또는 평가법 제151조 제1항 제1문 제1문부터 제3문까지의 확정에 관한 권한이 있는 세무서가 행한다. ⁴평가법 제11조 제1항에 따라 평가되어야 하는 물적회사의 지분에 관한 제1문의 확정은 소재지 관할 세무서가 평가법 제152조 제3호에 준하여 행한다. ⁵평가법 제151조 제3항 및 제152조부터 제156조까지는 제1문부터 제4문까지에 준용된다.

Absatzes 1 Nummer 2 übertragen wird. [3]Die Entscheidung, ob die Werte von Bedeutung sind, trifft das für die Festsetzung der Erbschaftsteuer oder für die Feststellung nach § 151 Absatz 1 Satz 1 Nummer 1 bis 3 des Bewertungsgesetzes zuständige Finanzamt. [4]Bei Anteilen an Kapitalgesellschaften, die nach § 11 Absatz 1 des Bewertungsgesetzes zu bewerten sind, trifft die Feststellungen des Satzes 1 das örtlich zuständige Finanzamt entsprechend § 152 Nummer 3 des Bewertungsgesetzes. [5]§ 151 Absatz 3 und die §§ 152 bis 156 des Bewertungsgesetzes sind auf die Sätze 1

bis 4 entsprechend anzu-
wenden.

§ 13c Verschonungsabschlag bei Großerwerben von begünstigtem Vermögen

(1) [1]Überschreitet der Erwerb von begünstigtem Vermö-gen im Sinne des § 13b Absatz 2 die Grenze des § 13a Absatz 1 Satz 1 von 26 Millionen Euro, verringert sich auf Antrag des Erwer-bers der Verschonungsab-schlag nach § 13a Absatz 1 oder Absatz 10 um jew-eils einen Prozentpunkt für jede vollen 750 000 Euro, die der Wert des begünstigten Vermögens im Sinne des § 13b Absatz 2 den Betrag von 26 Mil-

제13c조 과세특례 대상 재산의 대량 취득시 특례평가감

(1) [1]제13b조 제2항에 규정된 과세 특례 대상 재산을 제13a조 제1 항의 한도인 26만 유로를 초과 하여 취득하는 경우 취득자가 신청하면 제13b조에 규정된 과세특례 대상 재산에 관한 특 례평가감은 제13a조 제1항 또 는 제10항에 따라 과세특례 대 상 재산의 가액이 2,600만 유 로를 초과하는 매 75만 유로마 다 1퍼센트씩 감액된다. [2]제 13a조 제10항의 경우 제13b조 제2항에 규정된 과세특례 대 상 재산의 가액이 9,000만 유 로를 초과하면 특례평가감을 적용할 수 없다.

lionen Euro übersteigt. ²Im Fall des § 13a Absatz 10 wird ab einem Erwerb von begünstigtem Vermögen im Sinne des § 13b Absatz 2 in Höhe von 90 Millionen Euro ein Verschonungsabschlag nicht mehr gewährt.

(2) ¹§ 13a Absatz 3 bis 9 findet auf Absatz 1 entsprechende Anwendung. ²Bei mehreren Erwerben begünstigten Vermögens im Sinne des § 13b Absatz 2 von derselben Person innerhalb von zehn Jahren werden für die Bestimmung des Verschonungsabschlags für den letzten Erwerb nach Absatz 1 die früheren Erwerbe nach ihrem früh-

(2) ¹제13a조 제3항부터 제9항까지를 제1항에 준용한다. ²동일인이 10년 이내에 제13b조 제2항에 규정된 과세특례 대상 재산을 복수로 취득하는 경우 최종의 취득에 관한 특례평가감 결정 시 앞의 취득 시 취득가액을 더한다. ³제13a조 제1항 제3문에 따른 비과세가 소멸하거나 각각의 취득별로 특례평가감이 일부만 적용될 경우에는 앞의 취득에 관하여 제28a조에 따른 신청을 하지 않는다면 제2문에 따른 최종의

eren Wert dem letzten Erwerb hinzugerechnet. ³Der nach Satz 2 ermittelte Verschonungsabschlag für den letzten Erwerb findet auf die früheren Erwerbe Anwendung, wenn die Steuerbefreiung für den früheren Erwerb nach § 13a Absatz 1 Satz 3 wegfällt oder dies bei dem jeweiligen Erwerb zu einem geringeren Verschonungsabschlag führt, es sei denn, für den früheren Erwerb wurde ein Antrag nach § 28a Absatz 1 gestellt. ⁴Die bis dahin für frühere Erwerbe gewährte Steuerbefreiung entfällt insoweit mit Wirkung für die Vergangenheit. ⁵§ 13a Absatz 1 Satz 4 findet Anwendung. ⁶Der Antrag

취득에 관한 특례평가감이 앞의 취득에 관하여도 적용된다. ⁴그때까지 앞의 취득에 관하여 적용된 비과세의 효과는 소급적으로 소멸한다. ⁵제13a조 제1항 제4문을 적용한다. ⁶제1항에 따른 신청은 취소할 수 없으며 동일한 취득에 관하여 제28a조 제1항의 신청을 할 수 없다.

nach Absatz 1 ist unwiderruflich und schließt einen
Antrag nach § 28a Absatz
1 für denselben Erwerb
aus.

(3) Die Absätze 1 und 2 gelten in
den Fällen des § 1 Absatz 1
Nummer 4 entsprechend.

(3) 제1항, 제2항은 제1조 제1항
제4호의 경우에 준용된다.

§ 13d Steuerbefreiung für zu Wohnzwecken vermietete Grundstücke

제13d조 주거목적으로 임대된 토지의 비과세

(1) Grundstücke im Sinne des
Absatzes 3 sind mit 90 Prozent ihres Werts anzusetzen.

(1) 제3항에 규정된 토지는 그 가
액의 90%로 평가한다.

(2) ¹Ein Erwerber kann den
verminderten Wertansatz
nicht in Anspruch nehmen,
soweit er erworbene Grundstücke auf Grund einer letz-

(2) ¹취득자는 취득한 토지를 피상
속인의 유언에 따른 처분 또는
피상속인 또는 증여자의 법률
행위적 처분으로 인해 제3자
에게 양도하여야 하는 경우에

twilligen Verfügung des Erblassers oder einer rechtsgeschäftlichen Verfügung des Erblassers oder Schenkers auf einen Dritten übertragen muss. [2]Gleiches gilt, wenn ein Erbe im Rahmen der Teilung des Nachlasses Vermögen im Sinne des Absatzes 3 auf einen Miterben überträgt. [3]Überträgt ein Erbe erworbenes begünstigtes Vermögen im Rahmen der Teilung des Nachlasses auf einen Dritten und gibt der Dritte dabei diesem Erwerber nicht begünstigtes Vermögen hin, das er vom Erblasser erworben hat, erhöht sich insoweit der Wert des begünstigten Vermögens des Dritten um den Wert des hingegebenen Vermögens, höchstens jedoch um den Wert des übertra-

는 감액된 가액을 원용할 수 없다. [2]유산의 분배결과 상속인이 제3항에 따라 공동상속인에게 양도하는 경우에도 같다. [3]상속인이 취득한 과세특례 대상 재산을 유산의 분배과정에서 제3자에게 양도하고 제3자는 그 대가로 그 취득자에게 과세특례 대상이 아닌 재산으로서 피상속인으로부터 취득한 것을 주는 경우 제3자의 과세특례 대상 재산 가액은 대가로 준 재산의 가액만큼 증액되나 양도한 재산의 가액을 그 상한으로 한다.

genen Vermögens.

(3) Der verminderte Wertansatz gilt für bebaute Grundstücke oder Grundstücksteile, die

1. zu Wohnzwecken vermietet werden,

2. im Inland, in einem Mitgliedstaat der Europäischen Union oder in einem Staat des Europäischen Wirtschaftsraums belegen sind,

3. nicht zum begünstigten Betriebsvermögen oder begünstigten Vermögen eines Betriebs der Land- und Forstwirtschaft im Sinne des § 13a gehören.

(3) 감액된 가액평가는 건물이 있는 토지 또는 토지의 일부로서 다음의 요건을 충족하는 것에 관하여도 적용된다.

1. 주거목적으로 임대되고

2. 국내, 유럽연합 회원국 또는 유럽경제지역 회원국 내에 소재하고

3. 제13a조에 규정된 과세특례 대상 재산 또는 농림업의 과세특례 대상 재산에 속하지 않을 것

(4) Die Absätze 1 bis 3 gelten in den Fällen des § 1 Abs. 1 Nr. 4 entsprechend.

(4) 제1항부터 제3항을 제1조 제1항 제4호에 준용한다.

Abschnitt 3.
Berechnung der Steuer

	제3장
	세액의 계산

§ 14 Berücksichtigung früherer Erwerbe

제14조 이전(以前) 취득자산의 고려

(1) [1]Mehrere innerhalb von zehn Jahren von derselben Person anfallende Vermögensvorteile werden in der Weise zusammengerechnet, daß dem letzten Erwerb die früheren Erwerbe nach ihrem früheren Wert zugerechnet werden. [2]Von der Steuer für den Gesamtbetrag wird die Steuer abgezogen, die für die früheren Erwerbe nach den persönlichen Verhältnissen des Erwerbers und auf der Grundlage der geltenden Vorschriften zur Zeit des letzten Erwerbs zu

(1) [1]10년 이내에 동일인으로부터 얻은 재산상 이익은 최종적인 취득에 대하여 이전(以前) 취득의 가치를 더하는 방식으로 합산한다. [2]총합계액에 대한 세액에서 이전(以前) 취득에 대하여 취득자의 인적관계에 따라 그리고 이전 취득 시의 적용 법규에 따라 징수하여야 하는 세액을 공제한다. [3]제2문에 규정된 세액보다 합산에 포함된 이전 취득에 관하여 제2문에 규정된 세액보다 실제로 납부하여야 하는 세액이 더 큰 경우 그 세액을 빼야 한다. [4]이전(以前) 취득 자산을 고려하지 않은 최종적인 취득에 관한 세액은 제2문 또는 제3문에 따른 세액

erheben gewesen wäre. [3]Anstelle der Steuer nach Satz 2 ist die tatsächlich für die in die Zusammenrechnung einbezogenen früheren Erwerbe zu entrichtende Steuer abzuziehen, wenn diese höher ist. [4]Die Steuer, die sich für den letzten Erwerb ohne Zusammenrechnung mit früheren Erwerben ergibt, darf durch den Abzug der Steuer nach Satz 2 oder Satz 3 nicht unterschritten werden. [5]Erwerbe, für die sich nach den steuerlichen Bewertungsgrundsätzen kein positiver Wert ergeben hat, bleiben unberücksichtigt.

공제 후의 금액을 초과하여서는 안 된다. [5]세법상 평가원칙에 따라 양의 가액으로 산정되지 않는 취득은 고려하지 않는다.

(2) [1]Führt der Eintritt eines Ereignisses mit Wirkung

(2) [1]소급효를 갖는 사건이 발생하여 최종적인 취득에 더해야 할

für die Vergangenheit zu einer Veränderung des Werts eines früheren, in die Zusammenrechnung einzubeziehenden Erwerbs, endet die Festsetzungsfrist für die Änderung des Bescheids über die Steuerfestsetzung für den späteren Erwerb nach § 175 Abs. 1 Satz 1 Nr. 2 der Abgabenordnung nicht vor dem Ende der für eine Änderung des Bescheids für den früheren Erwerb maßgebenden Festsetzungsfrist. [2]Dasselbe gilt für den Eintritt eines Ereignisses mit Wirkung für die Vergangenheit, soweit es lediglich zu einer Änderung der anrechenbaren Steuer führt.

이전(以前) 취득의 가액이 변경되는 경우 나중의 취득에 대한 조세 확정의 변경기한은 이전 취득에 적용되는 조세 확정의 변경기한이 경과한 이후에 종료한다. [2]소급효를 갖는 사건이 발생하였으나 단지 공제되어야 할 세액이 변경되는 경우에도 그와 같다.

(3) Die durch jeden weiteren Erwerb veranlaßte Steuer darf nicht mehr betragen als 50 Prozent dieses Erwerbs.

(3) 후속의 취득으로 인하여 과세되는 각각의 조세는 그 취득가액의 50퍼센트를 초과할 수 없다.

§ 15 Steuerklassen

제15조 조세등급

(1) Nach dem persönlichen Verhältnis des Erwerbers zum Erblasser oder Schenker werden die folgenden drei Steuerklassen unterschieden:

(1) 취득자의 피상속인 또는 증여자와의 인적관계에 따라 조세등급은 세 가지로 구분한다.

Steuerklasse I:

1. der Ehegatte und der Lebenspartner,

2. die Kinder und Stiefkinder,

3. die Abkömmlinge der in Nummer 2 genannten Kinder und Stiefkinder,

4. die Eltern und Voreltern

제1조세등급:

1. 배우자 및 생활동반자,

2. 친자 및 양자,

3. 제2호에 규정된 친자 및 양자의 직계비속,

4. 상속의 경우 부모 및 직계존속;

bei Erwerben von Todes wegen;

Steuerklasse II:

1. die Eltern und Voreltern, soweit sie nicht zur Steuerklasse I gehören,

2. die Geschwister,

3. die Abkömmlinge ersten Grades von Geschwistern,

4. die Stiefeltern,

5. die Schwiegerkinder,

6. die Schwiegereltern,

7. der geschiedene Ehegatte und der Lebenspartner einer aufgehobenen Lebenspartnerschaft;

Steuerklasse III:

alle übrigen Erwerber und die Zweckzuwendungen.

(1a) Die Steuerklassen I und II Nr. 1 bis 3 gelten auch dann, wenn die Ver-

제2조세등급:

1. 제1조세등급에 해당하지 않는 부모 및 직계존속,

2. 형제자매,

3. 형제자매의 1촌 직계비속,

4. 양친,

5. 친자의 배우자,

6. 배우자의 부모,

7. 이혼한 배우자 및 생활동반자 관계가 끝날 생활동반자;

제3조세등급:

그 밖의 모든 취득자 및 조건부증여

(1a) 민법상 입양에 의해 친족관계가 소멸한 경우에도 제1조세등급 및 제2조세등급의 제1호

wandtschaft durch Annahme als Kind bürgerlich-rechtlich erloschen ist.

(2) [1]In den Fällen des § 3 Abs. 2 Nr. 1 und des § 7 Abs. 1 Nr. 8 ist der Besteuerung das Verwandtschaftsverhältnis des nach der Stiftungsurkunde entferntest Berechtigten zu dem Erblasser oder Schenker zugrunde zu legen, sofern die Stiftung wesentlich im Interesse einer Familie oder bestimmter Familien im Inland errichtet ist. [2]In den Fällen des § 7 Abs. 1 Nr. 9 Satz 1 gilt als Schenker der Stifter oder derjenige, der das Vermögen auf den Verein übertragen hat, und in den Fällen des § 7 Abs. 1 Nr. 9 Satz 2 der-

부터 제3호까지를 적용한다.

(2) [1]재단법인이 본질적으로 독일에 소재한 하나의 가족 또는 특정한 가족들의 이익을 위하여 설립되었다면 제3조 제2항 제1호 및 제7조 제1항 제8호의 경우, 재단정관상 피상속인 혹은 증여자와 가장 먼 권리자의 친족관계가 과세의 기준이 된다. [2]제7조 제1항 제9호 제1문의 경우 재단법인의 설립자 또는 사단법인으로 재산을 양도한 자를 증여자로 보고 제7조 제1항 제9호 제2문의 경우 제3조 제2항 제1호 제2문 또는 제7조 제1항 제8호 제2문에 해당하는 재단을 설립하거나 형성한 자를 증여자로 본다. [3]제1조 제1항 제4호에 해당하는 경우 제16조 제1항 제2호에 따른

jenige, der die Vermögensmasse im Sinne des § 3
Abs. 2 Nr. 1 Satz 2 oder §
7 Abs. 1 Nr. 8 Satz 2 gebildet oder ausgestattet hat.
³In den Fällen des § 1
Abs. 1 Nr. 4 wird der dop-
pelte Freibetrag nach § 16
Abs. 1 Nr. 2 gewährt; die
Steuer ist nach dem Pro-
zentsatz der Steuerklasse I
zu berechnen, der für die
Hälfte des steuerpflichtigen Vermögens gelten
würde.

이중공제를 적용한다. 제1조
세등급에 적용되는 세율에 따
라 과세대상 자산의 절반에 관
하여 세액을 산정한다.

(3) ¹Im Falle des § 2269 des
Bürgerlichen Gesetzbuchs
und soweit der überle-
bende Ehegatte oder der
überlebende Lebenspart-
ner an die Verfügung
gebunden ist, ist auf
Antrag der Versteuerung

(3) ¹독일민법 제2269조가 적용되
고 생존 배우자 또는 생존 생
활동반자가 유언에 구속되는
경우에는 그 생존 배우자 또는
생존 생활동반자의 사망 시에
재산이 현존하는 한, 신청에
따라 최종 상속인 또는 유증의
수증자와 사망 배우자 또는 사

das Verhältnis des Schlusserben oder Vermächtnisnehmers zum zuerst verstorbenen Ehegatten oder dem zuerst verstorbenen Lebenspartner zugrunde zu legen, soweit sein Vermögen beim Tod des überlebenden Ehegatten oder des überlebenden Lebenspartners noch vorhanden ist. 2 § 6 Abs. 2 Satᶻ 3 bis 5 gilt entsprechend.

(4) ¹Bei einer Schenkung durch eine Kapitalgesellschaft oder Genossenschaft ist der Besteuerung das persönliche Verhältnis des Erwerbers zu derjenigen unmittelbar oder mittelbar beteiligten natürlichen Person oder Stiftung

망 생활동반자 간의 관계를 기준으로 과세할 수 있다. ²제6조 제2항 제3문부터 제5문까지를 준용한다.

(4) ¹물적회사 또는 협동조합을 통한 증여의 경우, 취득자와 (물적회사 또는 협동조합을 설립한) 직 간접적으로 지분을 보유한 자연인 또는 재단 간의 인적 관계를 기준으로 과세한다. 2 이 경우 이전 취득 자산의 합산(제14조)과 관련하여서는 증여를 수증자에 대한 재산상 이

zugrunde zu legen, durch die sie veranlasst ist. [2]In diesem Fall gilt die Schenkung bei der Zusammenrechnung früherer Erwerbe (§ 14) als Vermögensvorteil, der dem Bedachten von dieser Person anfällt.

익으로 본다.

§ 16 Freibeträge

(1) Steuerfrei bleibt in den Fällen der unbeschränkten Steuerpflicht (§ 2 Absatz 1 Nummer 1) der Erwerb

1. des Ehegatten und des Lebenspartners in Höhe von 500,000 Euro;

2. der Kinder im Sinne der Steuerklasse I Nr. 2 und

제16조 공제액

(1) 무제한 납세의무(제2조 제1항 제1호)에 해당하는 경우, 다음 각 호에 해당하는 취득은 비과세 한다.

1. 배우자 및 생활동반자는 500,000 유로까지

2. 제1조세등급 제2호에 속하는 자녀와 제1조세등급 제2호에

der Kinder verstorbener Kinder im Sinne der Steuerklasse I Nr. 2 in Höhe von 400,000 Euro;

3. der Kinder der Kinder im Sinne der Steuerklasse I Nr. 2 in Höhe von 200,000 Euro;

4. der übrigen Personen der Steuerklasse I in Höhe von 100,000 Euro;

5. der Personen der Steuerklasse II in Höhe von 20,000 Euro;

6. [aufgehoben]

7. der übrigen Personen der Steuerklasse III in Höhe von 20,000 Euro.

속하는 자녀가 사망한 경우 그의 자녀는 400,000유로까지

3. 제1조세등급 제2호에 속하는 자녀의 자녀는 200,000유로까지

4. 제1조세등급에 속하는 그 밖의 자(者)는 100,000유로까지

5. 제2조세등급에 속하는 자(者)는 20,000유로까지

6. [삭제]

7. 제3조세등급에 속하는 그 밖의 자(者)는 20,000유로까지

(2) ¹In den Fällen der beschränkten Steuerpflicht (§ 2 Absatz 1 Nummer 3) wird der Freibetrag nach Absatz 1 um einen Teilbetrag gemindert. ²Dieser Teilbetrag entspricht dem Verhältnis der Summe der Werte des in demselben Zeitpunkt erworbenen, nicht der beschränkten Steuerpflicht unterliegenden Vermögens und derjenigen, nicht der beschränkten Steuerpflicht unterliegenden Vermögensvorteile, die innerhalb von zehn Jahren von derselben Person angefallen sind, zum Wert des Vermögens, das insgesamt innerhalb von zehn Jahren von derselben Person angefallenen ist. ³Die

(2) ¹제한 납세의무(제2조 제1항 제3호)에 해당하는 경우 제1항에 따른 비과세액은 일부가 감액된다(Teilbetrag). 일부 감액되는 금액은 동일한 시기에 취득한 제한 납세의무가 적용되지 않은 재산의 가액 합계 및 10년간 동일인으로부터 취득한, 제한 납세의무가 적용되지 않는 재산상 이익의 가액 합계가 10년 이내에 동일인으로부터 취득한 재산의 합계액에서 차지하는 비율에 따라 계산한다. ²이전(以前) 취득은 그 당시의 가액으로 평가한다.

früheren Erwerbe sind mit ihrem früheren Wert anzusetzen.

§ 17 Besonderer Versorgungs-freibetrag

(1) [1]Neben dem Freibetrag nach § 16 wird dem überlebenden Ehegatten und dem überlebenden Lebenspartner ein besonderer Versorgungsfreibetrag von 256,000 Euro gewährt. [2]Der Freibetrag wird bei Ehegatten oder bei Lebenspartnern, denen aus Anlass des Todes des Erblassers nicht der Erbschaftsteuer unterliegende Versorgungsbezüge zustehen, um den nach § 14 des Bewertungsgesetzes zu ermittelnden Kapitalwert

제17조 특별부양공제액

(1) [1]제16조 제1항 제1호의 공제액에 더하여 생존 배우자 및 생존 생활동반자에게 특별부양공제로서 256,000유로를 인정한다. [2]상속세가 과세되지 않는, 피상속인의 사망에 따른 부양급부를 수급하는 배우자 또는 생활동반자의 경우 평가법 제14조에 따라 계산한 부양급부의 현재가치만큼을 감액한다.

dieser Versorgungsbezüge gekürzt.

(2) ¹Neben dem Freibetrag nach § 16 wird Kindern im Sinne der Steuerklasse I Nr. 2 (§ 15 Abs. 1) für Erwerbe von Todes wegen ein besonderer Versorgungsfreibetrag in folgender Höhe gewährt:

1. bei einem Alter bis zu 5 Jahren in Höhe von 52,000 Euro;

2. bei einem Alter von mehr als 5 bis zu 10 Jahren in Höhe von 41,000 Euro;

3. bei einem Alter von mehr als 10 bis zu 15 Jahren in Höhe von 30,700 Euro;

(2) ¹제16조 제1항 제2호의 공제액에 더하여 사망에 의한 취득을 하는 경우 제2조세등급(제15조 제1항)에 속하는 자자녀에 대하여는 다음에서 정한 금액을 한도로 특별부양공제를 인정한다.

1. 5세 이하의 경우 52,000유로까지;

2. 5세 초과 10세 이하의 경우 41,000유로까지;

3. 10세 초과 15세 이하의 경우 30,700유로까지;

4. bei einem Alter von mehr als 15 bis zu 20 Jahren in Höhe von 20,500 Euro;

5. bei einem Alter von mehr als 20 Jahren bis zur Vollendung des 27. Lebensjahrs in Höhe von 10,300 Euro. [2]Stehen dem Kind aus Anlaß des Todes des Erblassers nicht der Erbschaftsteuer unterliegende Versorgungsbezüge zu, wird der Freibetrag um den nach § 13 Abs. 1 des Bewertungsgesetzes zu ermittelnden Kapitalwert dieser Versorgungsbezüge gekürzt. [3]Bei der Berechnung des Kapitalwerts ist von der nach den Verhältnissen am Stichtag (§ 11) voraussichtlichen Dauer der Bezüge auszugehen.

4. 15세 초과 20세 이하의 경우 20,500유로까지;

5. 20세 초과 만27의 생일이 도래할 때까지의 경우 10,300유로까지.

[2]상속세가 과세되지 않는, 피상속인의 사망에 따른 부양급부를 수급하는 자(子)의 경우 평가법 제13조 제1항에 따라 계산한 부양급부의 현재가치(Kapitalwert)만큼을 감액한다. [3]현재가치를 계산할 때에는 기준일(제11조)에서의 여러 사정에 기하여 예상되는 수급기간을 기초로 한다.

(3) [1]In den Fällen der beschränkten Steuerpflicht (§ 2 Absatz 1 Nummer 3) wird der besondere Versorgungsfreibetrag nach Absatz 1 oder 2 gewährt, wenn durch die Staaten, in denen der Erblasser ansässig war oder der Erwerber ansässig ist, Amtshilfe geleistet wird. [2]Amtshilfe ist der Auskunftsaustausch im Sinne oder entsprechend der Amtshilferichtlinie gemäß § 2 Absatz 11 des EU-Amtshilfegesetzes in der für den jeweiligen Stichtag der Steuerentstehung geltenden Fassung oder eines entsprechenden Nachfolgerechtsaktes.

(3) [1]제한 납세의무(제2조 제1항 제3호)에 해당하는 경우 피상속인이 거주하였거나 취득자가 거주하고 있는 국가가 공무상 협조를 제공한다면 제1항 또는 제2항에 따른 특별부양공제를 적용할 수 있다. [2]공무상 협조는 각 조세채무성립일 또는 그와 유사한 후속 법적행위에 관하여 유효하게 적용되는 유럽연합 행정협력법 제2조 제11항에 따른 혹은 유럽연합 행정협력지침 에 준하는 유럽연합 행정협력법 제2조 제11항에 따른 정보교환을 말한다.

§ 18 Mitgliederbeiträge

[1]Beiträge an Personenvereinigungen, die nicht lediglich die Förderung ihrer Mitglieder zum Zweck haben, sind steuerfrei, soweit die von einem Mitglied im Kalenderjahr der Vereinigung geleisteten Beiträge 300 Euro nicht übersteigen. [2]§ 13 Abs. 1 Nr. 16 und 18 bleibt unberührt.

§ 19 Steuersätze

(1) Die Erbschaftsteuer wird nach folgenden Prozentsätzen erhoben:

Wert des steuerpflichtigen Erwerbs (§ 10) bis einschließlich ... Euro Wert des steuerpflichtigen Erwerbs (§ 10) bis einschließlich ... Euro	Prozentsatz in der Steuerklasse		
	I	II	III
75,000	7	15	30
300,000	11	20	30
600,000	15	25	30

제18조 회비의 비과세

[1]사원의 상호부조 목적이 아닌 사단(Personenvereinigung)의 회비는 1인의 사원이 부담해야 하는 연간 회비가 300유로를 초과하지 않는 경우 비과세로 한다. [2]제13조 제1항 제16호와 제18호는 제1문의 영향을 받지 않는다.

제19조 세율

(1) 상속세는 다음의 세율로 과세한다.

납세의무자의 취득가액 (제10조)	조세등급에 따른 세율(%)		
	I	II	III
75,000유로 이하	7	15	30
300,000유로 이하	11	20	30
600,000유로 이하	15	25	30

6,000,000	19	30	30
13,000,000	23	35	50
26,000,000	27	40	50
26,000,000	30	43	50

6,000,000유로 이하	19	30	30
13,000,000유로 이하	23	35	50
26,000,000유로 이하	27	40	50
26,000,000유로 초과	30	43	50

(2) Ist im Fall des § 2 Absatz 1 Nummer 1 ein Teil des Vermögens der inländischen Besteuerung auf Grund eines Abkommens zur Vermeidung der Doppelbesteuerung entzogen, ist die Steuer nach dem Steuersatz zu erheben, der für den ganzen Erwerb gelten würde.

(2) 제2조 제1항 제1호의 경우 재산의 일부가 이중과세방지조약에 따라 국내에서 과세되지 않을 때에는 취득 재산 전액에 대하여 적용되었을 세율로 과세한다.

(3) Der Unterschied zwischen der Steuer, die sich bei Anwendung des Absatzes 1 ergibt, und der Steuer, die sich berechnen würde, wenn der Erwerb die letztvorhergehende Wertgrenze nicht überstiegen hätte, wird nur insoweit erhoben, als er

a) bei einem Steuersatz bis

(3) 제1항의 규정에 따라 계산한 세액과 취득이 한 단계 아래의 과세 취득가액구간의 상한액을 초과하지 않았으면 계산되었을 세액의 차액은 다음의 금액을 상한으로 하여 징수한다.*

a) 세율이 30% 이하인 경우 한 단계

zu 30 Prozent aus der Hälfte,

b) bei einem Steuersatz über 30 Prozent aus drei Vierteln, des die Wertgrenze übersteigenden Betrags gedeckt werden kann.

아래의 과세 취득가액구간의 상한액을 초과하는 금액의 반액

b) 세율이 30%를 초과하는 경우 한 단계 아래의 과세 취득가액구간의 상한액을 초과하는 금액의 3/4

譯註

* 보기: 제1조세등급에 속하는 취득자는 과세대상이 되는 취득재산 620,000유로에 대하여 과세된다. 제19조 제1항에 따르면 19%의 세율이 적용되어 세액은 117,800유로(620,000유로×19%)가 된다. 이 세액과 한 단계 아래 취득가액구간 상한액(600,000유로)에 그 구간의 세율(15%)을 곱한 세액인 90,000유로(＝600,000유로×15%)를 비교한다. 여기서는 그 차액이 27,800유로(≒117,000 - 90,000)인데 그중에서 취득가액 620,000유로가 한 단계 아래 취득가액구간 상한액 600,000유로보다 큰 금액인 20,000유로의 50%에 해당하는 10,000유로를 상한으로 하여 징수한다. 그 결과 세액은 100,000유로가 되어 17,800유로만큼 감액된다. 과도한 세액부담을 경감시켜 주기 위한 장치이다. Jülicher in Troll/Gebel/Jülicher/Gottschalk, ErbStG 55. EL Mai 2018, ErbStG § 19 Rn. 24-26.

§ 19a Tarifbegrenzung beim Erwerb von Betriebsvermögen, von Betrieben der Land- und Forstwirtschaft und von Anteilen an Kapitalgesellschaften

(1) Sind in dem steuerpflichtigen Erwerb einer natürlichen Person der Steuerklasse II oder III Betriebsvermögen, land- und forstwirtschaftliches Vermögen oder Anteile an Kapitalgesellschaften im Sinne des Absatzes 2 enthalten, ist von der tariflichen Erbschaftsteuer ein Entlastungsbetrag nach Absatz 4 abzuziehen.

(2) [1]Der Entlastungsbetrag gilt für den nicht unter § 13a Absatz 1 oder § 13c fallenden Teil des Vermö-

제19a조 기업재산, 농림업사업, 물적회사의 지분에 관한 경감세율

(1) 제2조세등급 또는 제3조세등급에 속하는 자연인의 과세대상 취득에 기업재산, 농림업재산 또는 제2항에 규정된 물적회사의 지분이 포함되어 있는 경우, 표준세율을 적용하여 계산한 상속세액에서 제4항에 규정된 경감액을 공제한다.

(2) [1]경감액은 제13b조 제2항에 규정된 재산(제13a조 제1항 또는 제13c조에 해당하는 경우 제외)에 적용된다. [2]피상속인의 유언에

gens im Sinne des § 13b Absatz 2. [2]Ein Erwerber kann den Entlastungsbetrag nicht in Anspruch nehmen, soweit er Vermögen im Sinne des Satzes 1 auf Grund einer letztwilligen Verfügung des Erblassers oder einer rechtsgeschäftlichen Verfügung des Erblassers oder Schenkers auf einen Dritten übertragen muss. [3]Gleiches gilt, wenn ein Erbe im Rahmen der Teilung des Nachlasses Vermögen im Sinne des Satzes 1 auf einen Miterben überträgt.

(3) Der auf das Vermögen im Sinne des Absatzes 2 entfallende Anteil an der tariflichen Erbschaftsteuer bemisst sich nach dem

따른 처분 또는 피상속인 또는 증여자의 법률행위에 따른 처분에 기하여 취득자가 제1문에 규정한 자산을 제3자에게 양도하는 경우 경감액을 적용하지 않는다. [3]상속인이 유산분배의 결과 공동상속인에게 양도하는 경우에도 같다.

(3) 제2항에 규정된 재산에 적용되는, 표준세율을 적용하는 상속세액에 대응하는 기준비율은 '제13a조 또는 제13c조를 적용한 후의 재산가액에서

Verhältnis des Werts dieses Vermögens nach Anwendung des § 13a oder § 13c und nach Abzug der mit diesem Vermögen in wirtschaftlichem Zusammenhang stehenden abzugsfähigen Schulden und Lasten (§ 10 Absatz 5 und 6) zum Wert des gesamten Vermögensanfalls im Sinne des § 10 Absatz 1 Satz 1 und 2 nach Abzug der mit diesem Vermögen in wirtschaftlichem Zusammenhang stehenden abzugsfähigen Schulden und Lasten (§ 10 Absatz 5 und 6).

그 재산과 경제적 관련성이 있는 부채 및 부담(제10조 제5항, 제6항)을 뺀 가액'이 '제10조 제1항 제1문, 제2문에 규정된 재산총액에서 그 재산과 경제적 관련성이 있는 부채 및 부담(제10조 제5항, 제6항)을 뺀 가액' 중에서 차지하는 비율에 의해 계산한다.

譯註

이 규정은 경감세율이 적용되는 재산과 그렇지 않은 재산을 함께 취득한 경우에 적용된다. Hannes/Holtz in Meincke/Hannes/Holtz, ErbStG, 17. Aufl. 2018, ErbStG § 19a Rn. 7.

(4) ¹Zur Ermittlung des Entlastungsbetrags ist für den steuerpflichtigen Erwerb zunächst die Steuer nach der tatsächlichen Steuerklasse des Erwerbers zu berechnen und nach Maßgabe des Absatzes 3 aufzuteilen. ²Für den steuerpflichtigen Erwerb ist dann die Steuer nach Steuerklasse I zu berechnen und nach Maßgabe des Absatzes 3 aufzuteilen. 3Der Entlastungsbetrag ergibt sich als Unterschiedsbetrag zwischen der auf Vermögen im Sinne des Absatzes 2 entfallenden Steuer nach den Sätzen 1 und 2.

(5) ¹Der Entlastungsbetrag fällt mit Wirkung für die

(4) ¹경감세액을 산정하기 위하여 과세대상 취득에 관하여 우선 취득자의 실제 조세등급에 따른 세액을 계산한 후에 제3항의 기준비율에 따라 안분한다. ²다음으로, 과세대상 취득에 관하여 제1조세등급에 따른 세액을 계산한 후에 제3항의 기준비율에 따라 안분한다. ³경감세액은, 제2항에 규정된 재산에 관하여 제1문에 따른 세액 및 제2문에 따른 세액의 차액으로 한다.

(5) ¹상속인이 5년 이내에 제13a조의 유지규정을 위반한 경우,

Vergangenheit weg, soweit der Erwerber innerhalb von fünf Jahren gegen die Behaltensregelungen des § 13a verstößt. [2]In den Fällen des § 13a Absatz 10 und des § 28a Absatz 1 tritt an die Stelle der Frist nach Satz 1 eine Frist von sieben Jahren. [3]Die Festsetzungsfrist für die Steuer endet nicht vor dem Ablauf des vierten Jahres, nachdem die Finanzbehörde von dem Verstoß gegen die Behaltensregelungen Kenntnis erlangt. [4]§ 13a Absatz 7 Satz 4 bis 6 gilt entsprechend.

경감세액은 소급적으로 실효한다. [2]제13a조 제10항 및제28a조 제1항의 경우 제1문의 기간에 갈음하여 7년이 적용된다. [3]과세관청이 유지규정 위반사실을 인지한 후 4년이 경과하여야만 조세 확정기한이 종료한다. [4]제13a조 제7항 제4문에서 제6문까지 준용된다.

§ 20 Steuerschuldner

제20조 납세의무자

(1) ¹Steuerschuldner ist der Erwerber, bei einer Schenkung auch der Schenker, bei einer Zweckzuwendung der mit der Ausführung der Zuwendung Beschwerte und in den Fällen des § 1 Abs. 1 Nr. 4 die Stiftung oder der Verein. ²In den Fällen des § 3 Abs. 2 Nr. 1 Satz 2 und § 7 Abs. 1 Nr. 8 Satz 2 ist die Vermögensmasse Erwerber und Steuerschuldner, in den Fällen des § 7 Abs. 1 Nr. 8 Satz 2 ist Steuerschuldner auch derjenige, der die Vermögensmasse

(1) ¹납세의무자는 취득자, 증여의 경우 증여자, 부담부증여의 경우 유증의무자(Beschwerte), 제1조 제1항 제4호의 경우 재단 또는 사단이다. ²제3조 제2항 제1호 제2문 및 제7조 제1항 제8호 제2문의 경우는 재단(Vermögensmasse)이 취득자이자 납세의무자이지만 제7조 제1항 제8호 제2문의 경우 재단을 설립하거나 형성한 자도 납세의무자이다.

gebildet oder ausgestattet hat.

(2) Im Falle des § 4 sind die Abkömmlinge im Verhältnis der auf sie entfallenden Anteile, der überlebende Ehegatte oder der überlebende Lebenspartner für den gesamten Steuerbetrag Steuerschuldner.

(2) 제4조의 경우 직계비속은 자신의 지분에 따라, 생존 배우자 또는 생존 생활동반자는 세액의 총액에 관하여 납세의무자가 된다.

(3) Der Nachlaß haftet bis zur Auseinandersetzung (§ 2042 des Bürgerlichen Gesetzbuchs) für die Steuer der am Erbfall Beteiligten.

(3) 유산은 유산분할(독일민법 제2042조)이 종료될 때까지 상속관계인에 대한 조세의 담보로 된다.

(4) Der Vorerbe hat die durch die Vorerbschaft veranlaßte Steuer aus den Mitteln der Vorerbschaft zu entrichten.

(4) 선순위상속인은 선순위상속에서 발생한 세액을, 선순위상속된 재산으로부터 납부하여야 한다.

(5) Hat der Steuerschuldner den Erwerb oder Teile desselben vor Entrichtung der Erbschaftsteuer einem anderen unentgeltlich zugewendet, haftet der andere in Höhe des Wertes der Zuwendung persönlich für die Steuer.

(6) [1]Versicherungsunternehmen, die vor Entrichtung oder Sicherstellung der Steuer die von ihnen zu zahlende Versicherungssumme oder Leibrente in ein Gebiet außerhalb des Geltungsbereichs dieses Gesetzes zahlen oder außerhalb des Geltungsbereichs dieses Gesetzes wohnhaften Berechtigten zur Verfügung stellen, haften in Höhe des ausgezahl-

(5) 납세의무자가 취득한 재산 또는 그 일부를 상속세 납부 이전에 다른 자에게 무상양도한 경우 그 무상양도를 받은 자는 증여액 상당액에 관하여 인적 책임을 진다.

(6) [1]보험회사가 상속세의 납부 또는 확보 이전에 보험금 또는 종신연금을 본법의 효력이 미치지 않는 지역에서 지급하거나 본법의 효력이 미치지 않는 지역에 거주하는 권리자의 처분에 맡긴 경우 지급액 금액 상당액의 세액에 관하여 책임을 진다. [2]피상속인의 자산을 관리하는 자가 상속세 납부 또는 확보 이전에 자산을 고의 또는 과실로 본법의 효력이 미치지 않는 지역으로 반출하거나 본법의 효력이 미치지 않는 지역

ten Betrags für die Steuer.
²Das gleiche gilt für Personen, in deren Gewahr-
sam sich Vermögen des
Erblassers befindet, soweit
sie das Vermögen vorsät-
zlich oder fahrlässig vor
Entrichtung oder Sicher-
stellung der Steuer in ein
Gebiet außerhalb des Gel-
tungsbereichs dieses
Gesetzes bringen oder
außerhalb des Geltungs-
bereichs dieses Gesetzes
wohnhaften Berechtigten
zur Verfügung stellen.

(7) Die Haftung nach Absatz 6
ist nicht geltend zu machen,
wenn der in einem Steuerfall
in ein Gebiet außerhalb des
Geltungsbereichs dieses
Gesetzes gezahlte oder
außerhalb des Geltungs-

에 거주하는 권리자의 처분에
맡긴 경우에도 같다.

(7) 제6항에 따른 책임은, 본법의
효력이 미치지 않는 지역에서
지급하거나 본법의 효력이 미
치지 않는 지역에 거주하는 권
리자에게 제공한 금액이 600
유로를 초과하지 않는 경우에
는 발생하지 않는다.

bereichs dieses Gesetzes wohnhaften Berechtigten zur Verfügung gestellte Betrag 600 Euro nicht übersteigt.

§ 21 Anrechnung ausländischer Erbschaftsteuer

(1) [1]Bei Erwerbern, die in einem ausländischen Staat mit ihrem Auslandsvermögen zu einer der deutschen Erbschaftsteuer entsprechenden Steuer - ausländische Steuer - herangezogen werden, ist in den Fällen des § 2 Absatz 1 Nummer 1, sofern nicht die Vorschriften eines Abkommens zur Vermeidung der Doppelbesteuerung anzuwenden sind, auf Antrag

제21조 외국상속세의 세액공제

(1) [1]외국재산에 관하여 그 외국재산이 소재한 외국이 독일의 상속세에 대응하는 조세(외국상속세)를 부과하였다면 그 취득자는 제2조 제1항 제1호의 경우 조세조약이 적용되지 않는 한, 취득자에게 확정되어 취득자 납부하였으며 경감될 수 없는 외국상속세를 해당 외국재산에 관한 독일 상속세로부터 공제하여 줄 것을 신청할 수 있다. [2]취득재산 일부가 외국재산인 경우 외국재산에 대응하는 독일 상속세는 외국재산을 포

die festgesetzte, auf den Erwerber entfallende, gezahlte und keinem Ermäßigungsanspruch unterliegende ausländische Steuer insoweit auf die deutsche Erbschaftsteuer anzurechnen, als das Auslandsvermögen auch der deutschen Erbschaftsteuer unterliegt. [2]Besteht der Erwerb nur zum Teil aus Auslandsvermögen, ist der darauf entfallende Teilbetrag der deutschen Erbschaftsteuer in der Weise zu ermitteln, daß die für das steuerpflichtige Gesamtvermögen einschließlich des steuerpflichtigen Auslandsvermögens sich ergebende Erbschaftsteuer im Verhältnis des steuerpfli-

함한 과세대상 재산 전체에 대한 상속세액에, 과세대상 재산 전체 중에서 과세대상 외국재산이 차지하는 비율을 곱하여 계산하여야 한다. [3]외국재산이 여러 외국에 소재하는 경우 외국재산에 대응하는 독일 상속세는 각 외국별로 계산한다. [4]외국 상속세는 외국상속세가 성립한 시점으로부터 5년 이내에 성립한, 외국재산에 대한 독일 상속세로부터만 공제할 수 있다.

chtigen Auslandsvermö-
gens zum steuerpflichtigen
Gesamtvermögen aufgeteilt
wird. ³Ist das Auslandsvermögen in verschiedenen
ausländischen Staaten belegen, ist dieser Teil für jeden
einzelnen ausländischen
Staat gesondertzu berech-
nen. ⁴Die ausländische
Steuer ist nur anrechenbar,
wenn die deutsche Erb-
schaftsteuer für das Aus-
landsvermögen innerhalb
von fünf Jahren seit dem
Zeitpunkt der Entstehung
der ausländischen Erb-
schaftsteuer entstanden ist.

(2) Als Auslandsvermögen im
Sinne des Absatzes 1 gelten,

1. wenn der Erblasser zur
Zeit seines Todes Inländer

(2) 다음 각 호에 해당하는 재산도
제1항에서 규정한 외국재산으
로 본다.

1. 피상속인이 사망하였을 때 내
국인이었던 경우: 외국에 귀속

war: alle Vermögensge-
genstände der in § 121
des Bewertungsgesetzes
genannten Art, die auf
einen ausländischen Staat
entfallen, sowie alle Nutzungsrechte an diesen
Vermögensgegenständen;

2. wenn der Erblasser zur
Zeit seines Todes kein
Inländer war: alle Vermö-
gensgegenstände mit Aus-
nahme des Inlandsvermö-
gens im Sinne des § 121
des Bewertungsgesetzes
sowie alle Nutzungsrechte
an diesen Vermögensge-
genständen.

(3) ¹Der Erwerber hat den
Nachweis über die Höhe
des Auslandsvermögens
und über die Festsetzung

하는 평가법 제121조에서 정
하는 모든 종류의 자산과 그
자산에 대한 모든 사용권
(Nutzungsrecht)

2. 피상속인이 사망하였을 때 내
국인이 아니었던 경우: 평가법
제121조에서 정하는 모든 종
류의 자산(국내재산 제외)과 그
자산에 대한 모든 사용권
(Nutzungsrecht)

(3) ¹취득자는 외국재산의 액, 외
국상속세의 부과 및 납부에 관
하여, 이를 반영하는 증거를
제출함으로써 증명하여야 한

und Zahlung der ausländischen Steuer durch Vorlage entsprechender Urkunden zu führen. ²Sind diese Urkunden in einer fremden Sprache abgefaßt, kann eine beglaubigte Übersetzung in die deutsche Sprache verlangt werden.

(4) Ist nach einem Abkommen zur Vermeidung der Doppelbesteuerung die in einem ausländischen Staat erhobene Steuer auf die Erbschaftsteuer anzurechnen, sind die Absätze 1 bis 3 entsprechend anzuwenden.

다. ²증거가 외국어로 작성된 경우 독일어 인증 번역의 제출을 요구받을 수 있다.

(4) 조세조약의 규정에 따라 외국에서 징수한 조세를 상속세에서 공제하여야 하는 경우 제1항부터 제3항까지를 준용한다.

§ 22 Kleinbetragsgrenze

Von der Festsetzung der Erbschaftsteuer ist abzusehen, wenn die Steuer, die für den einzelnen Steuerfall festzusetzen ist, den Betrag von 50 Euro nicht übersteigt.

§ 23 Besteuerung von Renten, Nutzungen und Leistungen

(1) [1]Steuern, die von dem Kapitalwert von Renten oder anderen wiederkehrenden Nutzungen oder Leistungen zu entrichten sind, können nach Wahl des Erwerbers statt vom Kapitalwert jährlich im voraus von dem Jahreswert entrichtet werden. [2]Die Steuer wird in diesem Fall

제22조 하한액

개별 과세대상(Steuerfall)을 기준으로 확정되어야 하는 세액이 50유로를 초과하지 않는 경우에는 상속세를 과세하지 않는다.

제23조 연금, 사용권 및 급부에 관한 과세

(1) [1]연금, 그 밖의 정기사용권 또는 정기급부의 현재가치에 관하여 과세되어야 하는 조세는 취득자의 선택에 따라 현재가치에 갈음하여 연액(年額, Jahreswert)에 관하여 매년 과세될 수 있다. [2]이 경우 세액은 연금, 그 밖의 정기사용권 또는 정기급부권의 현재가치를 포함하는 취득의 전체에 관하여 제19조에 따른 세율을 적용하

nach dem Steuersatz erhoben, der sich nach § 19 für den gesamten Erwerb einschließlich des Kapitalwerts der Renten oder anderen wiederkehrenden Nutzungen oder Leistungen ergibt.

(2) [1]Der Erwerber hat das Recht, die Jahressteuer zum jeweils nächsten Fälligkeitstermin mit ihrem Kapitalwert abzulösen. [2]Für die Ermittlung des Kapitalwerts im Ablösungszeitpunkt sind die Vorschriften der §§ 13 und 14 des Bewertungsgesetzes anzuwenden. [3]Der Antrag auf Ablösung der Jahressteuer ist spätestens bis zum Beginn des Monats zu stellen, der dem Monat vorausgeht, in dem die

여 계산한다.

(2) [1]취득자는 연세(Jahressteuer) 방식을 중지하고 다음 납부기한에는 현재 가치로 청산할 수 있다. [2]청산 시의 현재가치 계산에 관하여는 평가법 제13조 및 제14조의 규정을 적용한다. [3]청산 신청은 다음 납부기한이 도래하는 달의 직전 달 개시일까지 행해야 한다.

nächste Jahressteuer fällig wird.

§ 24 Verrentung der Steuer- schuld in den Fällen des § 1 Abs. 1 Nr. 4

[1]In den Fällen des § 1 Abs. 1 Nr. 4 kann der Steuerpflichtige verlangen, daß die Steuer in 30 gleichen jährlichen Teilbeträgen (Jahresbeträgen) zu entrichten ist. [2]Die Summe der Jahresbeträge umfaßt die Tilgung und die Verzinsung der Steuer; dabei ist von einem Zinssatz von 5,5 Prozent auszugehen.

§ 25 (Weggefallen)

제24조 제1조 제1항 제4호의 경우 납세의무의 분할납부

[1]제1조 제1항 제4호의 경우 납세의무자는 세액을 30년 균등분할액(Jahresbetrag)으로 납부할 것을 요구할 수 있다. 2연액의 총액은 원본과 세액에 대한 이자를 포함한다. 이 경우 5.5 퍼센트의 이자율을 적용한다.

제25조 (삭제)

§ 26 Ermäßigung der Steuer bei Aufhebung einer Familienstiftung oder Auflösung eines Vereins

In den Fällen des § 7 Abs. 1 Nr. 9 ist auf die nach § 15 Abs. 2 Satz 2 zu ermittelnde Steuer die nach § 15 Abs. 2 Satz 3 festgesetzte Steuer anteilsmäßig anzurechnen

a) mit 50 Prozent, wenn seit der Entstehung der anrechenbaren Steuer nicht mehr als zwei Jahre,

b) mit 25 Prozent, wenn seit der Entstehung der anrechenbaren Steuer mehr als zwei Jahre, aber nicht mehr als vier Jahre vergangen sind.

제26조 가족재단이나 사단의 해산 시 세액감면

제7조 제1항 제9호에 해당하는 경우, 제15조 제2항 제2문에 따라 계산되어야 하는 조세에서 제15조 제2항 제3문의 규정에 따라 확정된 조세를 다음의 비율로 안분하여 공제한다.

a) 공제세액의 성립일로부터 2년이 경과하지 않은 경우, 50%

b) 공제세액의 성립일로부터 2년 이상 4년 미만이 경과한 경우, 25%

§ 27 Mehrfacher Erwerb des-selben Vermögens

(1) Fällt Personen der Steuerklasse I von Todes wegen Vermögen an, das in den letzten zehn Jahren vor dem Erwerb bereits von Personen dieser Steuerklasse erworben worden ist und für das nach diesem Gesetz eine Steuer zu erheben war, ermäßigt sich der auf dieses Vermögen entfallende Steuerbetrag vorbehaltlich des Absatzes 3 wie folgt:

제27조 동일재산에 관한 다중 취득

(1) 과거 10년 이내에 제1조세등급에 해당하는 자(者)가 취득한, 본법에 따라 과세된 재산을, 제1조세등급에 속하는 자(者)가 사망을 원인으로 취득하는 경우에는 해당 재산에 대하여 과세된 세액을 다음과 같이 감액하되 제3항의 경우에는 그러하지 아니한다.

um …Pr-ozent	wenn zwischen den beiden Zeitpunkten der Entstehung der Steuer liegen
50	nicht mehr als 1 Jahr
45	mehr als 1 Jahr, aber nicht mehr als 2 Jahre
40	mehr als 2 Jahr, aber nicht mehr als 3 Jahre
35	mehr als 3 Jahr, aber nicht mehr als 4 Jahre
30	mehr als 4 Jahr, aber nicht mehr als 5 Jahre
25	mehr als 5 Jahr, aber nicht mehr als 6 Jahre
20	mehr als 6 Jahr, aber nicht mehr als 7 Jahre
10	mehr als 7 Jahr, aber nicht mehr als 8 Jahre

경감율 (%)	두 조세의 성립 간격
50	1년 미만
45	1년 이상 2년 미만
40	2년 이상 3년 미만
35	3년 이상 4년 미만
30	4년 이상 5년 미만
25	5년 이상 6년 미만
20	6년 이상 7년 미만
10	7년 이상 8년 미만

(2) Zur Ermittlung des Steuerbetrags, der auf das begünstigte Vermögen entfällt, ist die Steuer für den Gesamterwerb in dem Verhältnis aufzuteilen, in dem der Wert des begünstigten Vermögens zu dem Wert des steuerpflichtigen Gesamterwerbs ohne Abzug des dem Erwerber zustehenden Freibetrags steht.

(2) 해당 경감대상 자산에 관한 세액은, 취득 전체에 대한 세액을, 경감대상 자산의 평가액이 인적공제액 공제전의 과세취득 전체의 평가액에서 차지하는 비율로 안분하여 계산한다.

(3) Die Ermäßigung nach Absatz 1 darf den Betrag nicht überschreiten, der sich bei Anwendung der in Absatz 1 genannten Prozentsätze auf die Steuer ergibt, die der Vorerwerber für den Erwerb desselben Vermögens entrichtet hat.

(3) 제1항에서 정한 경감액은 제1항에서 정한 경감률을 선순위 취득자가 해당 재산의 취득을 위하여 납부한 세액에 적용하여 계산한 금액을 초과할 수 없다.

§ 28 Stundung

제28조 납부기한의 연장

(1) ¹Gehört zum Erwerb von Todes wegen begünstigtes Vermögen im Sinne des § 13b Absatz 2, ist dem Erwerber die darauf entfallende Erbschaftsteuer auf Antrag bis zu sieben Jahre zu stunden. ²Der erste Jahresbetrag ist ein Jahr nach der Festsetzung der Steuer

(1) ¹제13b조 제2항에 규정된 과세특례 대상 재산이 사망을 원인으로 하는 취득에 속하는 경우, 취득자는 신청에 의해 그에 대한 상속세의 납부기한을 7년까지 연장할 수 있다. ²최초의 균등분할액(Jahresbetrag)의 납부기한은 조세의 확정일로부터 1년이 되는 날이며 납부기한의 연기에 관하여는 이

fällig und bis dahin zinslos zu stunden. [3]Für die weiteren zu entrichtenden Jahresbeträge sind die §§ 234 und 238 der Abgabenordnung ab dem zweiten Jahr nach der Festsetzung der Steuer anzuwenden. [4]§ 222 der Abgabenordnung bleibt unberührt. [5]Die Stundung endet, sobald der Erwerber, ausgehend vom Zeitpunkt der Entstehung der Steuer (§ 9), den Tatbestand nach § 13a Absatz 3 nicht einhält oder einen der Tatbestände nach § 13a Absatz 6 erfüllt. [6]Wurde ein Antrag nach § 13a Absatz 10 oder nach § 28a Absatz 1 gestellt, ist bei der Anwendung des Satzes 5 § 13a Absatz 10 entsprechend anzuwenden.

자가 부가되지 않는다. [3]그 이후에 납부하여야 할 균등분할액에 관하여는 조세기본법 제234조 및 제238조가 조세의 확정일로부터 2년이 되는 날 이후에 적용된다. [4]조세기본법 제222조는 영향을 받지 않는다. [5]취득자가 조세의 성립일(제9조) 이후 제13a조 제3항의 요건을 유지하지 못하게 되거나 제13a조 제6항의 요건을 충족하게 되는 경우 납부기한의 연장은 종료된다. [6]제13a조 또는 제28a조에 따른 신청이 있을 경우 제5문을 적용할 때 제13a조 제10항을 준용한다. [7]취득자가 제13a조 제3항의 요건을 유지하지 못하게 되거나 제13a조 제6항의 요건을 충족하게 되는 경우 취득자에 대하여 과세되어야 하는 상속세에 대하여 제1문을 적용하지 아니한다. [8]취득자가 기업(사업)이나 지분을 포기 또는 양도하는 경우 납부

⁷Satz 1 ist nicht auf die Erbschaftsteuer anzuwenden, die der Erwerber zu entrichten hat, weil er den Tatbestand nach § 13a Absatz 3 nicht eingehalten oder einen der Tatbestände nach § 13a Absatz 6 erfüllt hat. ⁸Die Stundung endet, sobald der Erwerber den Betrieb oder den Anteil daran überträgt oder aufgibt.

(2) Absatz 1 findet in den Fällen des § 1 Abs. 1 Nr. 4 entsprechende Anwendung.

(3) ¹Gehört zum Erwerb begünstigtes Vermögen im Sinne des § 13d Absatz 3, ist dem Erwerber die darauf entfallende Erbschaftsteuer auf Antrag bis zu zehn

기한의 연장은 종료된다.

(2) 제1항은 제1조 제1항 제4호의 경우에 준용된다.

(3) ¹제13d조 제3항에 규정된 과세특례 대상 재산이 사망을 원인으로 하는 취득에 속하고 취득자가 조세를 해당 과세특례 대상 재산을 처분하여서만 납부할 수 있는 경우 취득자는

Jahren zu stunden, soweit er die Steuer nur durch Veräußerung dieses Vermögens aufbringen kann. [2]Satz 1 gilt entsprechend, wenn zum Erwerb ein Ein- oder Zweifamilienhaus oder Wohneigentum gehört, das der Erwerber nach dem Erwerb zu eigenen Wohnzwecken nutzt, längstens für die Dauer der Selbstnutzung. [3]Nach Aufgabe der Selbstnutzung ist die Stundung unter den Voraussetzungen des Satzes 1 weiter zu gewähren. [4]Die Stundung endet in den Fällen der Sätze 1 bis 3, soweit das erworbene Vermögen Gegenstand einer Schenkung im Sinne des § 7 ist. [5]Die §§ 234 und 238 der

신청에 의해 그에 대한 상속세의 납부기한을 7년까지 연장할 수 있다. [2]취득 재산 중에 취득자가 그 취득 이후 스스로 거주 목적으로 이용한 단독주택 또는 두 가구용 주택 또는 주거용 부동산이 포함되어 있는 경우 그 자가사용기간 이내에서 제1문을 준용한다. [3]자가사용을 포기한 후에도 제1항의 요건을 충족하는 경우에는 납부기한 연장이 적용될 수 있다. [4]취득 재산이 제7조에 규정된 증여의 대상인 경우 제1문부터 제3문까지에 해당하는 때에는 납부기한 연장이 종료된다. [5]조세기본법 제234조 및 제238조가 적용되어야 한다; 사망에 의한 취득의 경우 납부기한의 연장으로 인하여 이자가 가산되지 않는다. [6]조세기본법 제222조는 영향을 받지 않는다.

Abgabenordnung sind anzuwenden; bei Erwerben von Todes wegen erfolg diese Stundung zinslos. [6] § 222 der Abgabenordnung bleibt unberührt.

§ 28a Verschonungsbedarfsprüfung

(1) [1]Überschreitet der Erwerb von begünstigtem Vermögen im Sinne des § 13b Absatz 2 die Grenze des § 13a Absatz 1 Satz 1 von 26 Millionen Euro, ist die auf das begünstigte Vermögen entfallende Steuer auf Antrag des Erwerbers zu erlassen, soweit er nachweist, dass er persönlich nicht in der Lage ist, die Steuer aus seinem verfüg-

제28a조 특례평가감의 필요성검사

(1) [1]제13b조 제2항에 규정된 과세특례 대상 재산을 제13a조 제1항의 한도인 26만 유로를 초과하여 취득하는 경우 취득자가 개인적으로 제2항에 규정된 처분 가능 재산으로 조세를 납부할 수 없다는 점을 입증하면 취득자의 신청에 따라 과세특례 대상 재산에 관한 조세를 면제할 수 있다. [2]제13b조 제2항에 규정된 과세특례 대상 재산을 피상속인의 유언에 따른 처분 또는 피상속인 또는 증여

baren Vermögen im Sinne des Absatzes 2 zu begleichen. ²Ein Erwerber kann den Erlass nicht in Anspruch nehmen, soweit er begünstigtes Vermögen im Sinne des § 13b Absatz 2 auf Grund einer letztwilligen Verfügung des Erblassers oder einer rechtsgeschäftlichen Verfügung des Erblassers oder Schenkers auf einen Dritten übertragen muss. ³Satz 2 gilt entsprechend, wenn ein Erbe im Rahmen der Teilung des Nachlasses begünstigtes Vermögen auf einen Miterben überträgt. ⁴Überträgt ein Erbe erworbenes begünstigtes Vermögen im Sinne des § 13b Absatz 2 im Rahmen der Teilung des Nachlasses

자의 법률행위에 따른 처분에 기하여 제3자에게 양도하여야 하는 경우 취득자는 면제를 적용받을 수 없다. ³제2문은 상속인이 과세특례 대상 재산에 관한 유산분배의 결과 공동상속인에게 양도하는 경우에도 준용한다. ⁴상속인이 취득한 (제13b조 제2항에 규정된) 과세특례 대상 재산을 유산분배의 결과 제3자에게 양도하고 제3자가 그와 관련하여 피상속인으로부터 취득한 비(非)과세특례 대상 재산을 취득자에게 교부하는 경우 제3자는 취득한 과세특례 대상 재산의 장부가액을 그가 취득자에게 교부한 재산의 가액만큼 증액하여야 한다. 이 경우 (취득자가) 양도한 재산의 가액을 증액의 상한으로 한다.

auf einen Dritten und gibt
der Dritte dabei diesem
Erwerber nicht begün-
stigtes Vermögen hin, das
er vom Erblasser erworben
hat, erhöht sich insoweit
der Wert des begünstigten
Vermögens des Dritten um
den Wert des hingege-
benen Vermögens, höch-
stens jedoch um den Wert
des übertragenen Vermö-
gens.

(2) Zu dem verfügbaren Vermögen gehören 50 Prozent
der Summe der gemeinen
Werte des

1. mit der Erbschaft oder
Schenkung zugleich
übergegangenen Vermö-
gens, das nicht zum
begünstigten Vermögen

(2) 다음 각 호에 규정된 재산의 통
상가액(gemeiner Wert)의 50%
는 처분 가능 재산에 속한다.

1. 제13b조 제2항에 규정된 과세
특례 대상 재산에 속하지 않고
상속 또는 증여와 동시에 이전
되는 재산

im Sinne des § 13b
Absatz 2 gehört, und

2. dem Erwerber im Zeit-
punkt der Entstehung der
Steuer (§ 9) gehörenden
Vermögens, das nicht zum
begünstigten Vermögen
im Sinne des § 13b Absatz 2
gehören würde.

2. 제13b조 제2항에 규정된 과세
특례 대상 재산에 속하지 않
고 조세의 성립 시(제9조)에 취
득자에게 속하는 재산

(3) [1]Die nach Anwendung des
Absatzes 1 Satz 1 ver-
bleibende Steuer kann
ganz oder teilweise bis zu
sechs Monate gestundet
werden, wenn die Einzie-
hung bei Fälligkeit eine
erhebliche Härte für den
Erwerber bedeuten würde
und der Anspruch nicht
gefährdet erscheint. [2]Eine
erhebliche Härte liegt insbesondere vor, wenn der

(3) [1]납부기한까지 취득자가 현금
회수에 어려움이 있고 조세채
권의 실현가능성이 위협받지
않는다고 판단될 경우, 제1항
제1문을 적용한 후에 남는 조
세는 그 전부 또는 일부에 관하
여 6개월 이내의 기간 내에서
납부기한을 연장할 수 있다. [2]
특히 취득자가 조세를 납부하
기 위하여 대출을 받거나 제2
항에 규정한 처분 가능 재산을
양도하여야 하는 경우에는 현
금 회수에 어려움이 있는 것으

Erwerber einen Kredit aufnehmen oder verfügbares Vermögen im Sinne des Absatzes 2 veräußern muss, um die Steuer entrichten zu können. [3]Die §§ 234 und 238 der Abgabenordnung sind anzuwenden. [4]§ 222 der Abgabenordnung und § 28 bleiben unberührt.

로 본다. [3]조세기본법 제234조 및 제238조를 적용한다. 4조세기본법 제222조 및 제28조는 영향을 받지 않는다.

(4) [1]Der Erlass der Steuer nach Absatz 1 Satz 1 steht unter der auflösenden Bedingung, dass

(4) [1]제1항 제1문에 따른 조세의 면제는 다음 각 호를 해제조건부로 한다.

1. [1]die Summe der maßgebenden jährlichen Lohnsummen des Betriebs, bei Beteiligungen an einer Personengesellschaft oder Anteilen an einer Kapitalgesellschaft des Betriebs

1. [1]기업(인적회사나 물적회사의 지분을 보유하고 있는 경우에는 그 각 회사)의 기준 연간 보수합계가 취득 이후 7년(보수합계기간)간 제13a조 제10항 제3호부터 제5호까지의 최소보수합계 미만이다. [2]제13a조 제3항 제2문

der jeweiligen Gesells-
chaft, innerhalb von sie-
ben Jahren nach dem Erw-
erb (Lohnsummenfrist)
insgesamt die Mindest-
lohnsumme nach § 13a
Absatz 10 Nummer 3 bis 5
unterschreitet. [2] § 13a
Absatz 3 Satz 2 und 6 bis
13 gilt entsprechend.
[3]Unterschreitet die Summe
der maßgebenden jährlichen
Lohnsummen die Mindest-
lohnsumme, vermindert
sich der nach Absatz 1 Satz 1
zu gewährende Erlass der
Steuer mit Wirkung für die
Vergangenheit in demselben
prozentualen Umfang, wie
die Mindestlohnsumme
unterschritten wird;

2. [1]der Erwerber innerhalb von
sieben Jahren (Behaltensfrist)
gegen die Behaltensbedin-

및 제6문부터 제13문까지를
준용한다. [3]기준 연간 보수합
계의 합계액이 최소보수합계
미만일 경우 제1항 제1문에 따
라 부여되어야 하는 조세의 면
제는 최소보수합계에 미치지
못하는 비율만큼 소급적으로
감액된다.

2. [1]취득자가 7년(유지기간) 동안
제13a조 제6항 제1문에 따른
유지조건에 위반한다. [2]제13a

gungen entsprechend § 13a
Absatz 6 Satz 1 verstößt. [2] §
13a Absatz 6 Satz 2 bis 4 gilt
entsprechend;

3. [1]der Erwerber innerhalb
von zehn Jahren nach
dem Zeitpunkt der Entste-
hung der Steuer (§ 9) weit-
eres Vermögen durch
Schenkung oder von
Todes wegen erhält, das
verfügbares Vermögen im
Sinne des Absatzes 2
darstellt. [2]Der Erwerber
kann erneut einen Antrag
nach Absatz 1 stellen. [3]Das
verfügbare Vermögen
nach Absatz 2 ist um 50
Prozent des gemeinen
Werts des weiteren erwor-
benen Vermögens zu
erhöhen;

조 제6항 제2문부터 제4문까
지를 준용한다.

3. [1]취득자가 조세 성립시(제9조)
로부터 10년 이내에 증여 또
는 상속에 의해 추가로 제2항
에서 규정하고 있는 처분 가능
재산을 취득한다. [2]취득자는
제1항에 따른 신청을 갱신할
수 있다. [3]제2항에 따른 처분
가능 재산의 가액은 추가로 취
득한 재산의 통상가액(gemein-
er Wert)의 50%만큼 증액한다.

4. die den Erwerb oder Teile des Erwerbs oder das in Nummer 3 oder Absatz 2 Nummer 2 bezeichnete Vermögen oder Teile dieses Vermögens betreffenden Feststellungsbescheide im Sinne des § 151 Absatz 1 Satz 1 des Bewertungsgesetzes oder des § 13b Absatz 10 Satz 1 geändert werden oder erstmals ergehen und die festgestellten Werte von den dem Erlass zugrunde gelegten Werten abweichen. Gleiches gilt im Fall der Aufhebung eines Feststellungsbescheids. Der Erwerber kann erneut einen Antrag nach Absatz 1 stellen;

4. 취득의 전부 또는 일부, 제3호, 제2항 제2호에 관계되는 재산 또는 그러한 재산의 일부에 관계되는 평가법 제151조 제1항 제1문 또는 이법 제13b조 제10항 제1호에 따른 확정 결정이 변경되거나 처음으로 공표되고, 그 확정된 가액이 조세 면제의 기초가 되었던 가액과 다르게 된 경우. 이때 취득자는 제1항에 따른 신청을 새로이 제기할 수 있다.

5. die dem Erlass zugrunde liegende Steuerfestsetzung geändert wird und dabei von den dem Erlass zugrunde gelegten Werten abgewichen wird. Der Erwerber kann erneut einen Antrag nach Absatz 1 stellen;

6. der Erlass gemäß Absatz 1 Satz 2 oder 3 ganz oder teilweise nicht mehr in Anspruch genommen werden kann. Der Erwerber kann erneut einen Antrag nach Absatz 1 stellen.

[2]Der Verwaltungsakt nach Absatz 1 Satz 1 steht unter dem Vorbehalt des Widerrufs (§ 120 Absatz 2 Nummer 3 der Abgabenordnung). [3]Der Verwaltungsakt über den Erlass nach Absatz 1 Satz 1

5. 조세 면제의 기초가 되었던 조세채무의 확정이 변경되고 그 결과 조세 면제의 기초가 되었던 가액과 다르게 되는 경우. 이때 취득자는 제1항에 따른 신청을 새로이 제기할 수 있다.

6. 제1항 제2문 또는 제3문에 따른 조세 면제의 전부 또는 일부가 더 이상 고려될 수 없는 경우. 이때 취득자는 제1항에 따른 신청을 새로이 제기할 수 있다.

[2]제1항 제1문에 따른 행정행위는 철회를 유보할 수 있다(조세기본법 제120조 제2항 제3호). [3]제1항 제1문에 따른 조세의 면제에 관한 행정행위는 제1문에 따른 해제조건의 성취 시에 소급적으로 전부 또는 일부 철회된다.

ist bei Eintritt der auflösenden Bedingung nach Satz 1 mit Wirkung für die Vergangenheit ganz oder teilweise zu widerrufen; § 131 Absatz 4 der Abgabenordnung gilt entsprechend.

(5) [1]Der Erwerber ist verpflichtet, dem für die Erbschaftsteuer zuständigen Finanzamt innerhalb einer Frist von sechs MonatenAblauf der Lohnsummenfrist das Unterschreiten der Mindestlohnsumme (Absatz 4 Satz 1 Nummer 1) anzuzeigen. [2]In den Fällen des Absatzes 4 Satz 1 Nummer 2 und 3 ist der Erwerber verpflichtet, dem für die Erbschaftsteuer zuständigen Finanzamt

이때 조세기본법 제131조 제4항을 준용한다.

(5) [1]취득자는 상속세 관할 세무서에 보수합계기간 경과 후 6개월 이내에 최소보수합계(제4항 제1문 제1호)에 미달한 사실을 신고하여야 한다. [2]제4항 제1문 제2호, 제3호의 경우 취득자는 상속세 관할 세무서에 각각의 구성요건이 충족된 후 1개월 이내에 그에 관한 사실관계를 신고하여야 한다. [3]신고는 조세기본법에 따른 조세신고를 말한다. [4]신고는 서면으로 하여야 한다. [5]사건의 경과가 부분적으로만 제4항에 따른 행정행위의 철회에 이른 경

den entsprechenden Sachverhalt innerhalb einer Frist von einem Monat, nachdem der jeweilige Tatbestand verwirklicht wurde, anzuzeigen. [3]Die Anzeige ist eine Steuererklärung im Sinne der Abgabenordnung. [4]Sie ist schriftlich abzugeben. [5]Die Anzeige hat auch dann zu erfolgen, wenn der Vorgang nur teilweise zum Widerruf des Verwaltungsaktes nach Absatz 4 führt.

(6) [1]Die Zahlungsverjährungsfrist für die nach Anwendung des Absatzes 1 Satz 1 verbleibende Steuer endet nicht vor dem Ablauf des fünften Jahres, nachdem das für die Erbschaftsteu-

우에도 신고를 하여야 한다.

(6) [1]제1항 제1문을 적용한 후에 남는 조세에 관한 소멸시효기간은 상속세 관할 세무서는 최소보수합계(제4항 제1문 제1호)에 미달한 사실 또는 제4항 제1문 제2호, 제3호, 제6호에 따른 구성요건의 실현을 인지한

er zuständige Finanzamt von dem Unterschreiten der Mindestlohnsumme (Absatz 4 Satz 1 Nummer 1) oder dem Verwirklichen eines Tatbestands nach Absatz 4 Satz 1 Nummer 2, 3 und 6 Kenntnis erlangt. [2]In den Fällen des Absatzes 4 Satz 1 Nummer 4 und 5 endet die Zahlungsverjährungsfrist nicht vor dem Ablauf des zweiten Jahres nach Bekanntgabe des Feststellungsbescheids oder des Steuerbescheids

후 5년이 경과한 때에 완성된다. [2]제4항 제1문 제4호, 제5호의 경우 소멸시효는 조세의 확정결정 또는 부과확정통지의 고지일로부터 2년 이내에는 완성되지 않는다.

(7) Die Absätze 1 bis 6 gelten in den Fällen des § 1 Absatz 1 Nummer 4 entsprechend.

(7) 제1항부터 제6항까지는 제1조 제1항 제4문에 준용한다.

(8) Die Absätze 1 bis 7 gelten nicht, wenn ein Antrag nach § 13c gestellt wurde.

(8) 제13c조에 따른 신청이 행해진 경우에는 제1항부터 제7항까지를 적용하지 않는다.

§ 29 Erlöschen der Steuer in besonderen Fällen

(1) Die Steuer erlischt mit Wirkung für die Vergangenheit,

1. soweit ein Geschenk wegen eines Rückforderungsrechts herausgegeben werden mußte;

2. soweit die Herausgabe gemäß § 528 Abs. 1 Satz 2 des Bürgerlichen Gesetzbuchs abgewendet worden ist;

3. [1]soweit in den Fällen des § 5 Abs. 2 unentgeltliche Zuwendungen auf die Ausgleichsforderung angerechnet worden sind (§ 1380 Abs. 1 des Bürgerlichen Gesetzbuchs).

제29조 특별한 경우 납세의무의 소멸

(1) 다음 각 호에 해당하는 경우 조세는 소급하여 소멸한다.

1. 반환청구권에 따라 증여물을 반환하여야 하는 경우

2. 독일민법 제528조 제1항 제2문에 따라 반환하여야 하는 경우

3. [1]제5조 제2항의 경우 무상양도가 청산청구권에서 공제된 경우(독일민법 제1380조 제1항). [2]무상양도가 제5조 제1항에 따른 비과세액 계산 시 고려되는 경우에도 이를 준용한다.

²Entsprechendes gilt, wenn unentgeltliche Zuwendungen bei der Berechnung des nach § 5 Abs. 1 steuerfreien Betrags berücksichtigt werden;

4. ¹soweit Vermögensgegenstände, die von Todes wegen (§ 3) oder durch Schenkung unter Lebenden (§ 7) erworben worden sind, innerhalb von 24 Monaten nach dem Zeitpunkt der Entstehung der Steuer (§ 9) dem Bund, einem Land, einer inländischen Gemeinde (Gemeindeverband) oder einer inländischen Stiftung zugewendet werden, die nach der Satzung, dem Stiftungsgeschäft oder der sonstigen Verfassung und nach

4. ¹사망에 의하여(제3조) 또는 생전증여(제7조)에 의하여 취득한 자산을 조세 성립 시(제9조)로부터 24개월 이내에 연방, 주, 국내의 게마인데(게마인데단체) 또는 정관, 기부행위 또는 그 밖의 규약 및 실질적인 관리에 의해 조세기본법 제52조부터 제54조에 규정된, 공익적으로 인정되는 세법상 우대되는 목적(조세기본법 제52조 제2항 제23호에 규정된 것을 제외한다)에 배타적이고 직접적으로 기여하는 국내의 재단에 기부한 경우. ²해당 재단이 취득자 또는 그 친족에게 조세기본법 제58조 제5호에서 규정

ihrer tatsächlichen Geschäftsführung ausschließlich und unmittelbar als gemeinnützig anzuerkennenden steuerbegünstigten Zwecken im Sinne der §§ 52 bis 54 der Abgabenordnung mit Ausnahme der Zwecke, die nach § 52 Abs. 2 Nr. 23 der Abgabenordnung gemeinnützig sind, dient. [2]Dies gilt nicht, wenn die Stiftung Leistungen im Sinne des § 58 Nr. 5 der Abgabenordnung an den Erwerber oder seine nächsten Angehörigen zu erbringen hat oder soweit für die Zuwendung die Vergünstigung nach § 10b des Einkommen steuergesetzes, § 9 Abs. 1 Nr. 2 des Körperschaftsteu-

하는 급부를 행해야 하는 경우 또는 기부행위에 독일소득세법 제10b조, 독일법인세법 제9조 제1항 제2호, 영업세법 제9조 제5호의 조세혜택이 적용될 수 있는 경우에는 그러하지 아니하다. [3]기부행위가 행해진 해의 경우 소득세 또는 법인세 및 영업세상의 기부공제를 받을 수 있는 기부금액에 관하여 확정적(unwiderruflich) 신고를 하여야 한다. [4]신고는 상속세 또는 증여세 확정에 관하여 구속력이 있다.

ergesetzes oder § 9 Nr. 5 des Gewerbesteuergesetzes in Anspruch genommen wird. [3]Für das Jahr der Zuwendung ist bei der Einkommensteuer oder Körperschaftsteuer und bei der Gewerbesteuer unwiderruflich zu erklären, in welcher Höhe die Zuwendung als Spende zu berücksichtigen ist. [4]Die Erklärung ist für die Festsetzung der Erbschaftsteuer oder Schenkungsteuer bindend.

(2) Der Erwerber ist für den Zeitraum, für den ihm die Nutzungen des zugewendeten Vermögens zugestanden haben, wie ein Nießbraucher zu behandeln.

(2) 기부된 재산을 이용할 수 있는 기간에 관하여 취득자는 용익권자로서 취급한다.

§ 30 Anzeige des Erwerbs

(1) Jeder der Erbschaftsteuer unterliegende Erwerb (§ 1) ist vom Erwerber, bei einer Zweckzuwendung vom Beschwerten binnen einer Frist von drei Monaten nach erlangter Kenntnis von dem Anfall oder von dem Eintritt der Verpflichtung dem für die Verwaltung der Erbschaftsteuer zuständigen Finanzamt schriftlich anzuzeigen.

(2) Erfolgt der steuerpflichtige Erwerb durch ein Rechtsgeschäft unter Lebenden, ist zur Anzeige auch derjenige verpflichtet, aus dessen Vermögen der Erwerb stammt.

제30조 취득의 신고

(1) 상속세 과세대상 취득(제1조)에 관하여 취득자, 부담부증여의 유증의무자는 재산의 취득 사실 또는 의무가 발생한 것을 알게 된 때로부터 3개월 이내에 상속세를 관할하는 세무서에 서면으로 신고하여야 한다.

(2) 생존자 간의 법률행위에 의하여 과세대상 취득이 발생한 경우 재산을 제공한 자도 신고의무를 진다.

(3) [1]Einer Anzeige bedarf es nicht, wenn der Erwerb auf einer von einem deutschen Gericht, einem deutschen Notar oder einem deutschen Konsul eröffneten Verfügung von Todes wegen beruht und sich aus der Verfügung das Verhältnis des Erwerbers zum Erblasser unzweifelhaft ergibt; das gilt nicht, wenn zum Erwerb Grundbesitz, Betriebsvermögen, Anteile an Kapitalgesellschaften, die nicht der Anzeigepflicht nach § 33 unterliegen, oder Auslandsvermögen gehört. [2]Einer Anzeige bedarf es auch nicht, wenn eine Schenkung unter Lebenden oder eine Zweckzuwendung gerichtlich oder

(3) [1]독일의 재판소, 독일의 공증인, 독일의 영사의 면전에서 개봉된, 유언(Verfügung von Todes wegen)에 의한 취득으로서, 그 유언으로부터 취득인의 피상속인에 대한 관계가 의문이 없이 인정되는 경우에는 신고의무가 없다. [2]재판소절차 또는 공증절차에 의하여 공증된 생전증여 또는 부담부증여도 마찬가지이다.

notariell beurkundet ist.

(4) Die Anzeige soll folgende Angaben enthalten:

(4) 신고는 다음 각 호의 사항을 포함하여야 한다.

1. Vorname und Familienname, Identifikationsnummer (§ 139b der Abgabenordnung), Beruf, Wohnung des Erblassers oder Schenkers und des Erwerbers;

1. 피상속인 또는 증여자 및 취득자의 성명, 식별번호(조세기본법 제139b조), 직업, 주소

2. Todestag und Sterbeort des Erblassers oder Zeitpunkt der Ausführung der Schenkung;

2. 피상속인의 사망일 및 사망장소, 증여의 실행시점

3. Gegenstand und Wert des Erwerbs;

3. 취득의 대상 및 평가액

4. Rechtsgrund des Erwerbs wie gesetzliche Erbfolge, Vermächtnis, Ausstattung;

4. 법정상속, 증여, 재단설립 등 취득의 법적 원인

5. persönliches Verhältnis des Erwerbers zum Erblasser oder zum Schenker wie Verwandtschaft, Schwägerschaft, Dienstverhältnis;

6. frühere Zuwendungen des Erblassers oder Schenkers an den Erwerber nach Art, Wert und Zeitpunkt der einzelnen Zuwendung.

§ 31 Steuererklärung

(1) [1]Das Finanzamt kann von jedem an einem Erbfall, an einer Schenkung oder an einer Zweckzuwendung Beteiligten ohne Rücksicht darauf, ob er selbst steuerpflichtig ist, die Abgabe einer Erklärung innerhalb einer

5. 취득자의 피상속인 또는 증여자에 대한 친족관계, 혼인관계, 고용관계 등의 인적 관계

6. 피상속인 또는 증여자가 취득자에 대하여 과거에 행한 개별 증여의 종류, 가액 및 시점

제31조 조세신고(Steuererklärung)

(1) [1]세무서는 누구에 대하여도 상속, 증여 또는 부담부증여에 관하여 그 관여자에게 그의 납세의무 유무에 관계없이, 세무서가 정한 일정한 기한 내에 신고할 것을 요구할 수 있다. [2]해당 기한은 최소 1개월 이상이어야 한다.

von ihm zu bestimmenden Frist verlangen. [2]Die Frist muß mindestens einen Monat betragen.

(2) Die Erklärung hat ein Verzeichnis der zum Nachlaß gehörenden Gegenstände und die sonstigen für die Feststellung des Gegenstands und des Werts des Erwerbs erforderlichen Angaben zu enthalten.

(2) 신고는 유산에 속하는 개별 재산의 일람 및 개별 재산과 취득가의 확정에 필요한 그 밖의 사항을 포함하여야 한다.

(3) In den Fällen der fortgesetzten Gütergemeinschaft kann das Finanzamt die Steuererklärung allein von dem überlebenden Ehegatten oder dem überlebenden Lebenspartner verlangen.

(3) 부부재산공동제가 계속되는 경우 세무서는 생존 배우자 또는 생존 생활동반자로부터만 신고를 요구할 수 있다.

(4) [1]Sind mehrere Erben

(4) [1]복수의 상속인이 존재하는 경

vorhanden, sind sie bere-
chtigt, die Steuererklärung
gemeinsam abzugeben.
[2]In diesem Fall ist die Steuererklärung von allen
Beteiligten zu unterschrei-
ben. [3]Sind an dem Erbfall
außer den Erben noch wei-
tere Personen beteiligt,
können diese im Einver-
ständnis mit den Erben in
die gemeinsame Steu-
ererklärung einbezogen
werden.

(5) [1]Ist ein Testamentsvollstrecker oder Nachlaßver-
walter vorhanden, ist die
Steuererklärung von
diesem abzugeben. [2]Das
Finanzamt kann verlan-
gen, daß die Steuererk-
lärung auch von einem
oder mehreren Erben

우 이들은 공동으로 신고를 행
할 수 있다. [2]이 경우 신고는 신
고자의 전원이 서명하여야 한
다. [3]상속인 이외에 상속에 관
여하는 자도 상속인의 동의를
얻어 공동으로 행하는 신고에
참여할 수 있다.

(5) [1]유언집행인(Testamentsvollstrecker) 또는 유산관리인
(Nachlaßverwalter)이 있는 경
우, 유언집행인 또는 유산관리
인이 신고를 행하여야 한다. [2]
세무서는 일인 또는 복수의 상
속인에게 신고에 서명할 것을
요구할 수 있다.

mitunterschrieben wird.

(6) Ist ein Nachlaßpfleger bestellt, ist dieser zur Abgabe der Steuererklärung verpflichtet.

(7) ¹Das Finanzamt kann verlangen, daß eine Steuererklärung auf einem Vordruck nach amtlich bestimmtem Muster abzugeben ist, in der der Steuerschuldner die Steuer selbst zu berechnen hat. ²Der Steuerschuldner hat die selbstberechnete Steuer innerhalb eines Monats nach Abgabe der Steuererklärung zu entrichten.

(6) 유산보호인(Nachlaßpfleger)이 지명되어 있는 경우는 유산보호인이 신고를 행하여야 한다.

(7) ¹세무서는 납세의무자가 스스로 세액을 계산하여 기재하는 지정양식을 사용하여 신고하도록 요구할 수 있다. ²납세의무자는 신고의 제출로부터 1개월 이내에 스스로 계산한 세액을 납부하여야 한다.

§ 32 Bekanntgabe des Steuerbescheids an Vertreter

(1) [1]In den Fällen des § 31 Abs. 5 ist der Steuerbescheid abweichend von § 122 Abs. 1 Satz 1 der Abgabenordnung dem Testamentsvollstrecker oder Nachlaßverwalter bekanntzugeben. [2]Diese Personen haben für die Bezahlung der Erbschaftsteuer zu sorgen. [3]Auf Verlangen des Finanzamts ist aus dem Nachlaß Sicherheit zu leisten.

(2) [1]In den Fällen des § 31 Abs. 6 ist der Steuerbescheid dem Nachlaßpfleger bekanntzugeben. [2]Absatz 1 Satz 2 und 3 ist entsprechend anzuwenden.

제32조 대표자에 대한 부과확정통지서(Steuerbescheid)의 발송

(1) [1]제31조 제5항의 경우, 조세기본법 제122조 제1항의 규정에 관계없이, 부과확정통지서를 유언집행인 또는 유산관리인에게 발송한다. [2]이러한 자는 상속세의 납부를 위해 노력해야 한다. [3]세무서는 유산에서 담보를 제공하도록 요구할 수 있다.

(2) [1]제31조 제6항의 경우, 부과확정통지서를 유산보호인에 대하여 발송한다. [2]제1항 제2문, 제3문을 준용한다.

§ 33 Anzeigepflicht der Vermögensverwahrer, Vermögensverwalter und Versicherungsunternehmen

(1) [1]Wer sich geschäftsmäßig mit der Verwahrung oder Verwaltung fremden Vermögens befaßt, hat diejenigen in seinem Gewahrsam befindlichen Vermögensgegenstände und diejenigen gegen ihn gerichteten Forderungen, die beim Tod eines Erblassers zu dessen Vermögen gehörten oder über die dem Erblasser zur Zeit seines Todes die Verfügungsmacht zustand, dem für die Verwaltung der Erbschaftsteuer zuständigen Finanzamt schriftlich anzuzeigen. [2]Die Anzeige

제33조 재산보호인(Vermögensverwahrer), 재산관리인(Vermögensverwalter), 보험회사(Versicherungsunternehmen)의 신고의무

(1) [1]영업으로 타인의 재산의 보호 또는 관리에 종사하는 자는 피상속인 사망 시에 피상속인의 재산에 귀속되거나 피상속인이 처분권을 갖고 있었던 개별 자산과 채무로서 스스로 보호 또는 관리하는 것에 관하여 상속세를 관할하는 세무서에 서면으로 신고하여야 한다. [2]신고는 이하에서 정하는 시점까지 행해야 한다.

ist zu erstatten:

1. in der Regel: innerhalb eines Monats, seitdem der Todesfall dem Verwahrer oder Verwalter bekanntgeworden ist;

1. 원칙: 보호인 또는 관리인이 사망한 사실을 알게 된 때로부터 1개월 이내

2. wenn der Erblasser zur Zeit seines Todes Angehöriger eines ausländischen Staats war und nach einer Vereinbarung mit diesem Staat der Nachlaß einem konsularischen Vertreter auszuhändigen ist: spätestens bei der Aushändigung des Nachlasses.

2. 피상속인이 사망 시에 외국국적을 보유하고 있고 해당 외국과의 합의에 의하여 유산을 영사대표자에게 제출하여야 하는 경우: 유산의 제출이 있기 전

(2) Wer auf den Namen lautende Aktien oder Schuldverschreibungen ausgegeben hat, hat dem Finanzamt schriftlich von dem

(2) 기명식주식 또는 기명식사채를 발행한 자는, 이러한 사망자의 유가증권을 다른 자의 명의로 변경하는 신청에 관하여 명의의 변경을 행하기 전에 서

Antrag, solche Wertpa-
piere eines Verstorbenen
auf den Namen anderer
umzuschreiben, vor der
Umschreibung Anzeige zu
erstatten.

면으로 세무서에 신고하여야
한다.

(3) Versicherungsunternehmen
haben, bevor sie Versi-
cherungssummen oder
Leibrenten einem anderen
als dem Versicherungsne-
hmer auszahlen oder zur
Verfügung stellen, hiervon
dem Finanzamt schriftlich
Anzeige zu erstatten.

(3) 보험회사는 보험금 또는 종신
연금을 피보험자 이외의 자에
게 지출하거나 그 처분에 맡기
기 전에, 그에 관하여 세무서에
서면으로 신고하여야 한다.

(4) Zuwiderhandlungen gegen
diese Pflichten werden als
Steuerordnungswidrigkeit
mit Geldbuße geahndet.

(4) 이러한 의무에 위반한 경우 세
무행정질서위반으로 벌금형에
처한다.

§ 34 Anzeigepflicht der Gerichte, Behörden, Beamten und Notare

(1) Die Gerichte, Behörden, Beamten und Notare haben dem für die Verwaltung der Erbschaftsteuer zuständigen Finanzamt schriftlich Anzeige zu erstatten über diejenigen Beurkundungen, Zeugnisse und Anordnungen, die für die Festsetzung einer Erbschaftsteuer von Bedeutung sein können.

(2) Insbesondere haben anzuzeigen:

1. die Standesämter:
   die Sterbefälle;

2. die Gerichte und die Notare:
   die Erteilung von Erb-

제34조 재판소, 행정기관, 공무원 및 공증인의 신고의무

(1) 재판소, 행정기관, 공무원 및 공증인은 상속세의 확정에 중요한 인증, 증서, 명령에 관하여 상속세를 관할하는 세무서에 서면으로 신고하여야 한다.

(2) 특히 다음의 사항에 관하여 신고하여야 한다.

1. 호적사무소: 사망의 사실

2. 재판소 및 공증인: 상속증서, 유럽상속증명서, 유언집행인 증서 및 부부재산공동제의 계

scheinen, Europäischen
Nachlasszeugnissen, Testa-
mentsvollstreckerzeugnis-
sen und Zeugnissen über
die Fortsetzung der Gütergemeinschaft, die Beschlüsse
über Todeserklärungen
sowie die Anordnung von
Nachlaßpflegschaften und
Nachlaßverwaltungen;

3. die Gerichte, die Notare
   und die deutschen Kon-
   suln:
   die eröffneten Verfügun-
   gen von Todes wegen, die
   abgewickelten Erbausein-
   andersetzungen, die
   beurkundeten Vereinba-
   rungen der Gütergemeinschaft und die beurkundeten Schenkungen und
   Zweckzuwendungen.

속에 관한 증서의 발행, 사망
선언에 관한 결정, 유산보호
및 유산관리에 관한 결정

3. 재판소, 공증인, 독일영사: 개
   봉된 유언, 유산분배의 합의,
   부부재산공동제의 공정증서
   합의, 공정증서화된 증여 및
   부담부증여

§ 35 Örtliche Zuständigkeit

(1) [1]Örtlich zuständig für die Steuerfestsetzung ist in den Fällen, in denen der Erblasser zur Zeit seines Todes oder der Schenker zur Zeit der Ausführung der Zuwendung ein Inländer war, das Finanzamt, das sich bei sinngemäßer Anwendung des § 19 Abs. 1 und des § 20 der Abgabenordnung ergibt. [2]Im Fall der Steuerpflicht nach § 2 Abs. 1 Nr. 1 Buchstabe b richtet sich die Zuständigkeit nach dem letzten inländischen Wohnsitz oder gewöhnlichen Aufenthalt des Erblassers oder Schenkers.

제35조 지역적 관할

(1) [1]피상속인이 사망하였을 때 또는 증여자가 증여를 행했을 때 내국인이었던 경우에는 조세기본법 제19조 제1항, 제20조를 준용하여 결정되는 세무서가 그 세액의 확정에 관하여 지역적 관할을 가진다. [2]제2조 제1항 제1호 b에 따라 납세의무가 발생하는 경우 피상속인 또는 증여자의 최종 국내 주소 또는 거주를 기준으로 관할을 판단한다.

(2) Die örtliche Zuständigkeit bestimmt sich nach den Verhältnissen des Erwerbers, bei Zweckzuwendungen nach den Verhältnissen des Beschwerten, zur Zeit des Erwerbs, wenn

1. bei einer Schenkung unter Lebenden der Erwerber, bei einer Zweckzuwendung unter Lebenden der Beschwerte, eine Körperschaft, Personenvereinigung oder Vermögensmasse ist oder

2. [1]der Erblasser zur Zeit seines Todes oder der Schenker zur Zeit der Ausführung der Zuwendung kein Inländer war. [2]Sind an einem Erbfall mehrere inländische Erwerber mit Wohnsitz oder gewöhnli-

(2) 다음의 각 경우 지역적 관할은 취득 시 취득자의 관계, 부담부증여 시에는 유증의무자의 관계를 기준으로 판단한다.

1. 생전증여의 경우에는 취득자가, 생존자 간의 부담부증여의 경우는 부담자가 법인, 사단 또는 재단인 경우

2. [1]피상속인이 사망하였을 때 또는 증여자가 증여를 행했을 때 내국인이었던 경우. [2]하나의 상속에 서로 다른 세무서 관할구역에 주소 또는 거소를 둔 복수의 내국 취득자가 관여된 경우에는 먼저 사건을 취급한 세무서의 관할로 한다.

chem Aufenthalt in verschiedenen Finanzamtsbezirken beteiligt, ist das Finanzamt örtlich zuständig, das zuerst mit der Sache befaßt wird.

(3) Bei Schenkungen und Zweckzuwendungen unter Lebenden von einer Erbengemeinschaft ist das Finanzamt zuständig, das für die Bearbeitung des Erbfalls zuständig ist. Satz 1 gilt auch, wenn eine Erbengemeinschaft aus zwei Erben besteht und der eine Miterbe bei der Auseinandersetzung eine Schenkung an den anderen Miterben ausführt.

(3) [1]상속인공동체(Erbengemeinschaft)가 증여 또는 생존자간의 부담부증여를 행하는 경우에는 상속을 처리하거나 처리할 세무서. [2]제1문은 상속인공동체가 2명의 상속인으로 구성되고 한 명의 공동상속인이 유산분배 과정에서 다른 공동상속인에게 증여를 행하는 경우에도 적용된다.

(4) In den Fällen des § 2 Absatz 1 Nummer 3 ist das Finan-

(4) 제2조 제1항 제3호의 경우 조세기본법 제19조 제2항을 준

zamt örtlich zuständig, das sich bei sinngemäßer Anwendung des § 19 Absatz 2 der Abgabenordnung ergibt.

용하여 정해지는 세무서가 지역적 관할을 가진다.